모빌리티 렌즈로 보는
현대시

KB211671

모빌리티인문학 Mobility Humanities

모빌리티인문학은 기차, 자동차, 비행기, 인터넷, 모바일 기기 등 모빌리티 테크놀로지의 발전에 따른 인간, 사물, 관계의 실재적·가상적 이동을 인간과 테크놀로지의 공-진화co-evolution라는 관점에서 사유하고, 모빌리티가 고도화됨에 따라 발생하는 현재와 미래의 문제들에 대한 해법을 인문학적 관점에서 제안함으로써 생명, 사유, 문화가 생동하는 인문-모빌리티 사회 형성에 기여하는 학문이다.

모빌리티는 기차, 자동차, 비행기, 인터넷, 모바일 기기 같은 모빌리티 테크놀로지에 기초한 사람, 사물, 정보의 이동과 이를 가능하게 하는 테크놀로지를 의미한다. 그리고 이에 수반하는 것으로서 공간(도시) 구성과 인구 배치의 변화, 노동과 자본의 변형, 권력 또는 통치성의 변용 등을 통칭하는 사회적 관계의 이동까지도 포함한다.

오늘날 모빌리티 테크놀로지는 인간, 사물, 관계의 이동에 시간적·공간적 제약을 거의 남겨 두지 않을 정도로 발전해 왔다. 개별 국가와 지역을 연결하는 항공로와 무선통신망의 구축은 사람, 물류, 데이터의 무제약적 이동 가능성을 증명하는 물질적 지표들이다. 특히 전 세계에 무료 인터넷을 보급하겠다는 구글Google의 프로젝트 룬Project Loon이 현실화되고 우주 유영과 화성 식민지 건설이 본격화될 경우 모빌리티는 지구라는 행성의 경계까지도 초월하게 될 것이다. 이 점에서 오늘날은 모빌리티 테크놀로지가 인간의 삶을 위한 단순한 조건이나 수단이 아닌 인간의 또 다른 본성이 된 시대, 즉 고-모빌리티high-mobilities 시대라고 말할 수 있다. 말하자면, 인간과 테크놀로지의 상호보완적·상호구성적 공-진화가 고도화된 시대인 것이다.

고-모빌리티 시대를 사유하기 위해서는 우선 과거 '영토'와 '정주' 중심 사유의 극복이 필요하다. 지난 시기 글로컬화, 탈중심화, 혼종화, 탈영토화, 액체화에 대한 주장은 글로벌과 로컬, 중심과 주변, 동질성과 이질성, 질서와 혼돈 같은 이분법에 기초한 영토주의 또는 정주주의 패러다임을 극복하려는 중요한 시도였다. 하지만 그 역시 모빌리티 테크놀로지의 의의를 적극적으로 사유하지 못했다는 점에서, 그와 동시에 모빌리티 테크놀로지를 단순한 수단으로 간주했다는 점에서 고-모빌리티 시대를 사유하는 데 한계를 지니고 있었다. 말하자면, 글로컬화, 탈중심화, 혼종화, 탈영토화, 액체화를 추동하는 실재적·물질적 행위자agency로서의 모빌리티 테크놀로지를 인문학적 사유의 대상으로서 충분히 고려하지 못했던 것이다. 게다가 첨단 웨어러블 기기에 의한 인간의 능력 향상과 인간과 기계의 경계 소멸을 추구하는 포스트-휴먼 프로젝트, 또한 사물인터넷과 사이버 물리 시스템 같은 첨단 모빌리티 테크놀로지에 기초한 스마트시티 건설은 오늘날 모빌리티 테크놀로지를 인간과 사회, 심지어는 자연의 본질적 요소로 만들고 있다. 이를 사유하기 위해서는 인문학 패러다임의 근본적 전환이 필요하다.

이에 건국대학교 모빌리티인문학 연구원은 '모빌리티' 개념으로 '영토'와 '정주'를 대체하는 동시에, 인간과 모빌리티 테크놀로지의 공-진화라는 관점에서 미래 세계를 설계할 사유 패러다임을 정립하려고 한다.

18
y
nities
ment

모빌리티 렌즈로 보는
현대시

김나현 지음

앨피

이 저서는 2018년 대한민국 교육부와 한국연구재단의 지원을 받아 수행된 연구임 (NRF-2018S1A6A3A030 43497)

차례

우리는 이동한다. 우리는 우리 자신의 신체를 움직여 이동하므로 명백한 '모빌리티의 주체'이다. 게다가 우리는 비인간 존재나 사물, 자본, 서비스의 이동도 만들어 낼 수 있으니, 우리가 모빌리티의 주체라는 것은 너무나 당연한 진술이다. 그러나 이와 동시에 우리는 '모빌리티의 산물'이다. 이번에는 당연해 보이지 않는 진술일지도 모르겠다. 하지만 잘 생각해 보면 우리의 모든 이동은 개인의 역량을 벗어나는 또 다른 이동에 매개되어 있다는 점을 깨닫게 된다. 그 물망처럼 얽힌 사회의 각종 법과 제도, 권력, 문화 등의 쉼 없는 흐름, 더 나아가 물질화될 수 없는 모빌리티에 대한 감각이나 인식 등은 언제나 개인의 신체 바깥에서 우리의 이동을 구성한다. 그런 점에서 모빌리티는 사회과학적 개념인 동시에 인문학적 개념이 된다. 문학, 역사, 철학, 예술 등은 사회적 현상이자 실체로서의 모빌리티를 재현하는 동시에, 모빌리티를 구성하고 생산하니 말이다. 고로, 우리는 이동한다. 우리의 문학도 그러하다.

그렇다면, 다시 말해 문학이 모빌리티를 구성하고 생산하고 수행하는 것이라면, 모빌리티 개념을 일종의 렌즈로 삼아 문학을 읽어 보는 것은 어떨까? 이 책은 이런 물음에서 시작됐다. 그중에서도 시 텍스트를 골랐다. 흔히 시 읽기는 소설 읽기보다 더 까다로운 것으로 받아들여지곤 한다. 시인이 숨겨 놓은 시어의 의미를 암호 해독하듯 발견해야 한다고 생각하기 쉬워서일 것이다. 하지만 시를 읽는 방법은 여러 가지가 있을 수 있다. 저자의 의도로 텍스트의 의미를 환원하는 독해 방법에서 벗어나, 시가 쓰여진 당대의 사회 · 문화적 배경, 특히 모빌리티의 문제를 고려하면서 텍스트의 의미를 확장시키는 독해 방법은 시 읽기를 재미있게 만들어 준다. 더구나 모빌리티 문제에는 언제나 '모빌리티 정의'의 문제가 결부되어 있음을 상기할 때, 우리는 모빌리티 렌즈를 통해 현대시를 읽어 봄으로써 시에 대한 이해는 물론, 당대 사회에 대한 이해를 도모하고 문학의 정치성을 이해할 수 있을 것이다. 특히 1980~90년대에 주목하고자 한다. 당시는 산업화 성과가 가시화되면서 도시화가 심화된 시기이므로 이 시기에 쓰여진 텍스트 역시 모빌리티 렌즈를 통해 독해할 때 한층 다채롭게 읽어 낼 수 있다.

이 책은 총 5장으로 구성되어 있다. 1장에서는 1970~80년대에 진행된 급격한 도시화 과정과 매개된 현대시를 살펴보고자 하여 김정환과 정호승의 시를 읽어 본다. 두 시인의 초기작이 담아낸 당대 서울의 모습을 더듬어 보며 도시 정비 사업이 바꿔 놓은 시민들의 모빌리티와 삶을 이해하고 문학의 역할을 생각해 보자. 2장에서는 민중문학에서 재현했던 국토 표상을 따라가 본다. 국가 주도 산업화가 고도화되고 도시화가 심화됨에 따라 자연스레 국토 표상이 이분화되는데, 이 시기 민중시인들은 '남도'를 대안공간으로서 재의미화해 나갔다. 이성부와 송수권의 시를 중심으로 대안적 공간이 갖는 사회적 의미를 독해해 보자.

이어 3장에서는 1980년대 도시 모빌리티의 변화가 당대 노동자들에게 미친 영향을 검토해 보고 이 시기 발표된 노동시를 읽어 본다. '버스 안내양' 출신 노동시인 최명자의 시와 조선업 노동자로서의 경험을 노래한 백무산의 시를 중심으로, 당대 노동자가 겪어야 했던 모빌리티 및 임모빌리티의 상황을 이해하고 그로부터 발원하는 시 세계를 추적한다. 4장에서는 1980~90년대 시에 나타난 자본주의화된 도시 문명의 빛과 그림자를 읽어 내고 인간소외 문제를 짚어 본다. 장정일과 유하의 시를 통해 모빌리티로 구성되는 정체성 문제를 '길 찾기'라는 주제로 해독해 본다. 마지막 5장에서는 허수경 시인의 텍스트를 읽어 본다. 모빌리티의 한 형태로서의 디아스포라 개념을 검토하고 디아스포라 주체의 모빌리티가 어떤 의미인지를 생각해 보며 허수경의 시 세계를 이해해 보자.

여러 편의 시를 백과사전 식으로 다루지는 못했다. 한두 편의 시를 읽더라도 전문을 읽어 보는 경험이 중요하다고 생각해 가급적 시 원문이 생략되지 않도록 본문을 구성했다. 문학을 읽는 새로운 방법으로서의 모빌리티 인문학에 대한 이해를 넓히는 것도 이 책이 의도하는 중요한 목표지만, 시 한편 한편을 조용히 음미하며 읽어 보는 경험을 제공하는 것도 또 하나의 중요한 목표다. 또한 이 책을 출발점으로 독서 경험을 확장할 수 있기를 바라며, 각 장의 끝에는 더 읽어 볼 책의 목록을 간략히 덧붙였다. 한 편의 시 읽기가 한 권의 시집 읽기로, 또 다른 시집 읽기로 확장되는 즐거움을 맛보게 되길 기대한다.

2025년 2월

김나현

1장

서울의 탄생과 시

대도시 서울의
모빌리티

600년이 넘는 역사를 가진 대한민국의 수도 서울이 오늘날과 같이 대도시화된 것은 1960년대 이후의 일이다. 이 시기 정부 주도로 진행된 급속한 산업화와 도시화 과정에서 서울 인구집중 현상이 나타났고, 서울이라는 공간 역시 급격히 변화하게 된다. 서울로 모여든 인구를 적절히 수용할 수 있는 주거시설이나 산업시설 등이 필요해졌음은 물론이고, 이들이 각 장소를 원활하게 오갈 수 있게 하는 교통시설도 필요해졌다. 이를 위해서는 대중교통의 확충이 급선무였고, 길을 새로 닦거나 넓히는 일이 필수적이었다.

이 시기 서울은 그야말로 팽창하고 있었다. 법률상으로도 1963년 두 차례에 걸쳐 서울의 행정구역이 물리적으로 확장된 바 있다. 특히 1960년대 말부터는 본격적인 서울 개발 시대가 개막된다. 1966년에 부임한 김현옥 서울시장의 주도로 대대적인 도시개발이 실행

1960년대 교통 상황(왼쪽), 1974년 서울 지하철 1호선 개통식(오른쪽) ※ 출처: 서울정책아카이브

되었기 때문이다. 한강과 여의도 및 강남 개발이 본격화되며 아파트와 대단지 상가가 조성됐고, 청량리·미아리·영등포·천호·영동 등의 부도심이 형성되기 시작했다. 부천·의정부·성남 등이 위성도시로 개발된 것도 이 무렵이다.

이렇게 서울이 팽창하다 보니 사람들의 이동이 중요한 문제로 부상할 수밖에 없었고, 서울시에서는 도로망 정비를 시작으로 본격적인 대중교통체계 개선에 나선다. 1950년대까지 서울 시내의 대표적 대중교통수단은 일제강점기에 건설된 노면전차였는데, 이 시기부터 전차는 사라지고 버스와 지하철 중심의 대중교통체계가 확립된다.

서울 지하철 개통식은 1974년에 있었다. 지하철 1호선 개통에 이어, 1984년에 2호선, 1985년에 3·4호선도 개통되어 서울 시내 교통 혼잡을 완화할 대중교통 서비스가 확대되었다. 서울 구석구석을 거미줄처럼 엮은 지하철망 건설을 위해서 이 시기 서울 곳곳은 계속 공사 중일 수밖에 없었다. 땅을 파고 지하에 선로를 놓고 역사驛舍를 짓는 일이 반복되며 지하철망이 연결되었다. 서울 전역이 한동안

1970년 경부고속도로 개통 ※ 출처: 문화체육관광부 정책주간지《K-공감》

몸살을 앓을 수밖에 없었지만, 이렇게 기본 골격을 갖춘 지하철망은
새로 개편된 버스 교통체계와 함께 서울의 대표적 대중교통수단으
로 자리잡게 되었다. 물론, 지하철이 연이어 개통되고 버스 체계가
개편되었다고 해서 대도시 서울의 모빌리티 상황이 단숨에 매끄러
워졌던 것은 아니다. 서울 인구집중 현상이 계속되었기 때문이다.
밀려 들어오는 인구의 안전한 순환을 위해 계속적인 교통체계 개편
이 요구되었고, 교통인프라가 확충될수록 서울로의 인구집중화가
가속화되는 실정이었다.

한편, 이 시기에는 서울과 서울 바깥을 연결하는 도로망도 꾸준히
확충되었다. 특히 1970년대에 고속도로 개통이 줄을 이었다. 1968
년 개통된 경인고속도로를 시작으로, 1970년에 경부고속도로가 개

통되었고, 이어 영동고속도로, 호남·남해고속도로, 동해고속도로 등이 연이어 개통되었다. 또한, 서울의 지속적 확장과 위성도시의 성장에 따라, 1986년에 서울을 횡으로 가로지르는 올림픽대로 개통에 이어 여러 간선도로들이 확충되었다. 이는 이촌향도離村向都 모빌리티에 따라 누적된 서울 인구의 원활한 삶을 위해서 필요한 조치인 동시에, 1986년 아시안게임과 1988년 서울올림픽 등 대규모 국제행사가 서울에서 개최됨에 따라 긴급히 요청되었던 모빌리티 인프라이기도 했다.

이처럼 1980년대를 전후한 시기에 급격한 속도로 발전한 서울의 도시 모빌리티 인프라는 동시대 서울이라는 공간을 살아가는 사람들에게 빛인 동시에 그림자로 작동했다. 모빌리티 능력은 한 개인의 자유를 상징하기도 하지만, 동시에 구속을 상징할 수도 있다. 미미 셸러가《모빌리티 정의》에서 지적했던 대로, 모빌리티의 자유에는 계급, 인종, 섹슈얼리티, 젠더, 능력에 따른 배제가 작동하기 때문이다. 자동차 모빌리티만 생각해 보더라도, 누군가는 새로 닦인 도로망을 자가용으로 미끄러지듯 빠르게 질주하며 말 그대로 '마이카 시대'를 누렸지만, 다른 누군가는 도로망 확충으로 인한 토지수용과 터널 공사로 제대로 된 보상도 없이 삶의 터전에서 쫓겨나는 처지에 놓일 수도 있었다. 도시 모빌리티는, 인간은 물론 비인간 주체까지 포함하여 저마다 다른 각자의 취약성을 가장 적나라하게 가시화하는 제도이기도 하다.

이 시기에 쓰인 여러 문학 텍스트에도 대도시 서울의 모빌리티 상황이 의식적이든 무의식적이든 반영되어 있다. 따라서 모빌리티의 렌즈로 우리의 현대시를 읽어 보면, 시에 대한 이해를 넓히는 동시에 당대의 사회문화적 배경에 대한 이해도 심화시키고 도시 모빌리티를 둘러싼 모빌리티 정의 개념도 숙고해 볼 수 있다. 문학 텍스트 속 모빌리티 재현을 단순히 발견하는 차원을 넘어, 모빌리티 문제에는 언제나 모빌리티 정의 문제가 포함되어 있음을 기억하면서 텍스트를 읽어 보고자 한다. 먼저 1980년대 서울의 모습을 날카롭게 포착한 두 시인에 주목해 보자. 시인 김정환과 정호승이다.

김정환 시
깊이 읽기

| 작가 소개 |

김정환은 1954년 서울에서 태어났다. 서울대학교 영어영문학과를 졸업하고, 1980년에《창작과 비평》에 시를 발표하면서 작품 활동을 시작했다. 1982년 창작과비평사에서 간행된 첫 시집《지울 수 없는 노래》이후 꾸준하고 왕성한 작품 활동을 보여 주고 있다. 1983년부터 86년까지《황색예수전》1, 2, 3을 차례로 발표했고, 이는 2018년 합본《황색예수》로 묶였다. 이외에도《회복기》(1985),《해방 서시》(1985),《좋은 꽃》(1985) 등 많은 시집을 출간했고, 최근에는《황색예수 2》(2024)를 발간했다. 시집 외에도《세상 속으로》(1988),《그 후》(1991) 1, 2, 3 등의 장편소설은 물론,《전망은 그릴 수 없는 아름다운 그림》(1999) 등의 산문집도 발표했다. 영문학을 전공한 그는 등단

초기부터 꾸준히 번역 작업도 진행했는데, 2008년부터 출간되어 총 23권에 달하는 셰익스피어 전집을 번역했다. 백석문학상, 만해문학상, 현대시작품상 등을 수상한 바 있다.

현재까지도 꾸준히 작품 활동을 하고 있는 김정환의 초기 시 세계는 대체로 1980~90년대의 작품 세계를 일컫는다. 김정환은 1980년대 도시의 풍경과 감수성을 민중시의 견지에서 새롭게 그려 낸 시인이다. '민중시'란 억압받는 민중의 현실을 민중의 관점으로 표현한 일련의 시를 일컫는 용어로, 1970년대를 전후하여 많이 발표되었다. 대체로 몰락해 가는 농촌공동체의 현실을 노래하거나 도시 공장노동자들이 경험한 부조리를 비판적으로 그림으로써, 모순된 현실을 비판적으로 사유하고 민중적 가치가 무엇인지를 고찰하는 시들을 통칭 '민중시'라고 부른다. 그런데 김정환의 초기 시 세계는 민중시의 전형성에 갇히지 않으면서 도시적 삶을 기반으로 쓰였다는 점이 특징이다. 특히 1980년대에 발표된 시들은 서울이라는 공간을 거대한 '공사장'으로 그리며, 그 안에서 경험하는 소시민적 삶의 양태를 슬픔의 정서로 드러낸다. 구체적인 텍스트를 읽어 보며 그 안에 담긴 도시 모빌리티에 주목해 보자.

무너짐에 대한 선언

처음으로 살펴볼 시는 김정환의 〈홍은동에서〉이다. 이 시는 1981년
《시와 경제》 1집에 처음 발표되었고, 1982년에 간행된 김정환의 첫
시집 《지울 수 없는 노래》에 수록되었다. 제목에도 명시되어 있듯
이 이 시의 배경은 서울 홍은동이다. 본격적으로 시를 읽고 해석해
보기 전에, 우선 시의 배경이 된 홍은동의 지리적 특징과 간략한 역
사를 살펴보자.

앞쪽으로 홍제천이 흐르고 뒤쪽에는 북한산이 둘러선 홍은동은,
해방 후 서울의 지리적 팽창 과정을 잘 보여 주는 장소이다. 서울시
서대문구청의 설명에 따르면, 홍은동은 과거 행정구역상 경기도 은
평면 홍제외리였는데 해방 후 서울에 편입되면서 홍제외리의 '홍'자
와 은평면의 '은'자를 조합해 현재의 '홍은동'이라는 이름을 갖게 되
었다고 한다. 지금이야 서울이 더 확장되어 서대문구 북쪽으로도
은평구, 강북구, 도봉구, 노원구가 서울의 경계를 형성하고 있지만,
과거 조선시대에 이 지역은 도성 바깥에 속했다. 앞서 말한 '홍제외
리'라는 지명은 '홍제원 바깥에 있는 마을'이라는 의미인데, '홍제원'
은 조선시대 관원들이 묵던 숙박처 중 하나였다. 당시 관원들이 돈
의문(서대문)을 나와 북쪽으로 향할 때 처음으로 만나게 되는 숙박
시설이었고, 거꾸로 중국에서 오는 사신들이 한양에 도착하기 전 마

지막으로 묵게 되는 숙소이기도 했다.

홍은동은 해방 후 서울로 편입되었고, 전후 복구 기간을 거친 뒤에는 주택 부족 현상을 해소하기 위해 정책적으로 지어진 '국민주택'이 대량으로 들어섰던 동네이다. 1970년에는 유진상가가 지어졌다. 유진상가는 상가아파트인 동시에 대전차 방어 목적을 띠고 엄청난 철근과 콘크리트를 투입해 건설한 건축물이다. 1980년대에는 아파트 단지들이 들어서고, 1985년에 개통된 3호선 지하철(구파발—독립문 구간)이 홍은동을 지나면서 1980년대 초부터 공사가 끊임없이 이어졌던 공간이다.

경계에 속하는 장소에서는 흥미로운 사건들이 벌어지게 마련이다. 경계란 변화의 공간이며, 익숙함과 낯섦이 마주치는 공간이며, 기존의 관습과 제도의 한계가 드러나는 공간이며, 공간을 둘러싼 사람들의 욕망이 분출되는 공간이기 때문이다. 그렇다면 시인 김정환이 바라본 1980년대 홍은동은 어떤 모습이었을까?

아무래도 이 축대는 무너져내릴 것 같다
산의 허리를 빠수어서 바윗덩어리 양옆으로 밀어붙인
밀어붙여 간신간신히 내놓은
이 길은 길이 아니다
배반이다 쌓아올려진 흙, 바위, 나무뿌리들은 출렁출렁 넘쳐

철책을 넘어 흘러내리고

흐른다는 것은 자세히 보면

살벌하고 뜨겁게 내리치는 함성

길은 다시 길이 되려고 외치고

이쪽 바위와 저쪽 바위가 만나 산산이 부서지는 함성으로

지체야 낮아도 좋다

못나도 좋다 한데 어울려 살 수만 있도록

만나게 해다오 껴안게 해다오 철책 사이로 수없이 양팔을
    내어 흔들며

아무래도 이 축대는 무너져내릴 것 같다

한데 모여라 모여라 모여라 소리 어디선가 들리고

와르르 쿵쾅 우지끈 뚝딱

헐벗고 쫓겨난 것들이 끼리끼리 만나

서로를 파묻고 서로의 품에 파묻히는 소리 들리고

먼 데서 부릅뜬 주먹이 부릅뜬 주먹을 만나는

주먹의 아비규환의 사랑소리도 들리고

아무래도 이 축대는 무너져내릴 것 같다

흐른다는 것은 자세히 보면

무섭고 아찔한 저 꼭대기

낭떠러지 산사태인데

아무래도 아무래도 이 축대는   — 김정환, 〈홍은동에서〉(전문)

시에는 금방이라도 무너져 내릴 것 같은 '축대'가 등장한다. 축대는 산비탈이나 높은 건물 등이 무너지지 않도록 받치려고 쌓아 올린 구조물이다. 축대를 올리는 작업은 터를 닦거나 건물을 올릴 때 기초 토대가 되는 일로 매우 중요하다. 시에서는 산허리를 깎아서 길을 만드는 과정에서 양옆의 바위가 길로 굴러떨어지지 않도록 축대를 쌓은 것으로 보인다. 그런데 시인은 1행에서부터 "아무래도 이 축대는 무너져내릴 것 같다"면서, 인위적으로 산을 깎아서 간신히 내놓은 "이 길은 길이 아니다"라고 선언한다.

7행부터는 축대가 무너져 내릴 것 같다고 말할 수밖에 없는 원인이 설명된다. 길을 내기 위해 인위적으로 갈라놓은 것들이 서로를 다시 만나게 해 달라고 울부짖고 있기 때문이다. "한데 어울려 살 수 있도록 만나게 해다오 껴안게 해다오" 외치면서 "한데 모여라 모여라 모여라 소리"를 지르고 있는 것이다. 시인은 이것을 "살벌하고 뜨겁게 내리치는 함성"이라고 표현한다. 길을 내기 위해 억지로 산을 깎고 축대를 세우는 공사를 했지만, 자연 상태의 원래 모습을 회복하고자 하는 함성들이 "철책을 넘어 흘러내리고" 있기 때문에 "아무래도 이 축대는 무너져내릴 것 같다"고 말한 것이다.

그리고 이 함성은 홍은동의 공사 현장에서만 들리는 것이 아닌 듯 확장된다. "이쪽 바위와 저쪽 바위가 만나 산산히 부서지는 함성"이었던 소리는, "헐벗고 쫓겨난 것들이 끼리끼리 만나 서로를 파묻고 서로의 품에 파묻히는 소리"로 일반화된다. 제자리를 지키며 주변

1970년대 말 유진상가 일대(왼쪽), 1980년 지하철 2호선 공사 현장(오른쪽) ※ 출처: 서울시 서대문구청 블로그

의 것들과 한데 어우러져 사는 것이야말로 평범하고 평안한 삶일 테지만, 마치 도로를 닦으며 인위적으로 폭파된 산비탈처럼 평온한 제자리에서 쫓겨난 사람들이 있다. 그들의 목소리가 함성이 되고, 그함성의 흘러내림 때문에 시 속의 "축대"는 "아무래도 아무래도" 무너질 것만 같은 것이다.

실제로 1970~80년대는 도시 정비가 가장 활발하게 일어났던 시기다. '새마을 가꾸기'가 국책사업이 되면서 1972년 이후 새마을운동이 범국민 운동이 되었는데, 농촌 새마을운동은 물론이고 도시 새마을운동도 본격화되었다. 서울에서도 새로 택지를 조성하고 주택을 정비하는 작업이 쉼 없이 이어졌다. 그런데 새로 길을 내려면 그자리에 있던 것을 무너뜨리는 작업부터 수행해야 한다. 지상에 잘닦인 도로를 놓고 지하에 지하철망을 건설하는 것은 편리한 도시 모빌리티를 제공하겠다는 긍정적 목표하에 수행된 작업이었지만, 이 시는 이 같은 공사를 위해 희생될 수밖에 없는 것들을 돌아봐야 한다고 말한다. 비탈을 깎아서 만든 도로가 놓이기 전 산비탈에 살았던 판자촌 사람들은 어디로 갔을까? 그 산에서 뛰어놀던 산짐승과 나무 위에 살던 새들은 어디로 날아갔을까? 시 〈홍은동에서〉는 철책 축대가 세워지면서 새롭게 확보되는 도시 모빌리티의 이면에 삶의 터전을 잃고 쫓겨난 것들이 있다는 사실을 폭로한다.

〈홍은동에서〉 외에도 시집《지울 수 없는 노래》에는 1980년대 초 실제로 그리고 비유적으로도 무너지고 있는 서울의 풍경을 보여 주는 시들이 많다. 온통 시끄러운 아수라장으로 그려지는 삶의 배경이 되는 청계천 6가를 보여 주는 〈성탄〉, 떠밀려 온 사람들의 판잣집이 들어선 공간을 그리는 〈마포, 강변동네에서〉, 잠시 머물며 다시 떠날 길을 생각하는 삶을 다룬 〈마장동 시외버스 정거장〉 등이 그것이다.

풍경이 된 공사장

김정환은 지하철에 대한 시도 여러 편 썼다. 앞서 설명한 것처럼 1980년대 초는 서울 곳곳이 지하철 공사로 몸살을 앓던 시기였기 때문이다. 〈지하철 정거장에서〉라는 제목으로 두 편의 연작시를 발표하기도 했다. 다음은 〈지하철 공사장에 다녀와서〉라는 시이다.

그곳에 가봤어? 왜 우리 둘이 팔짱을 끼고

댕기던 자리.

낯익은 장소가 거대한 기계의 손아귀에서 산산히 파헤쳐지

　　는 모습은

슬픈 가관이더군

공사중지하철대우개발공사중죄송합니다

나는 반복되는 그 팻말을 읽으며 그 길을 다시 한번 가봤어

포클레인이란 기계의 주먹 참 대단하더군

산더미처럼 쌓이고 산더미처럼 파놓은 구덩이 위로

철근다리를 해놓았는데

걸어가다 아차 떨어지면 즉사하고 말 높이

그놈은 참 의젓하고 무섭고 숨막히는 놈이더군

그리움의 가슴을 파헤치는 일뿐 아니라

그리움의 그 그렁그렁하는 목소리로

우리가 느낀 슬픔까지도 강요하는 듯했어

슬픔에 우리를 꽁꽁 매달려고 했어

아무것도모르는것이상책이다아

그놈 참 왜 그리 짐짓 무뚝뚝하던지

그러나 나는 속을 수 없었어 공사중지하철

보행에불편을드려죄송합니다우회전대우개발

그런, 반복되는 글씨를 읽으며 우리 옛날에 잘 다니던 왜 그

길을

다시 한번 걸으며

저질러진 일은 저질러진 일

슬픔에 몸을 묶어 놓아서는 안된다는 생각을 나는 했어

비극을 비극으로 받아들인다는 것.

비극을 일상품목의 하나로 만든다는 것.

매일 그 길을 다니듯이

비극은 어디에나 널려 있다는 것.

진실을 밝혀야 해, 온몸으로

추억으로 거짓을 감싸면 안돼

저질러진 것에서 도망가면 안돼, 항상

피할 수 없는 그 자리

못다 이룬 일은 끝내 추억이 될 수 없다는 것.

근처에 도사리며 우리를 노린다는 것.

나는 그런 생각을 했어

— 김정환, 〈지하철 공사장에 다녀와서〉(전문)

이 시는 '지하철 공사'를 배경으로 하고 있다. 1981년에 쓰였으니, 실제로 서울에서 지하철 공사가 한창 진행되던 시기다. 〈지하철 공사장에 다녀와서〉의 배경이 되는 공사장은 시적화자가 항상 다니던

길이었으나 현재는 지하철 공사를 위해 파헤쳐진 공간이다. 낯익은 장소가 거대한 공사장으로 변해 버린 것을 두고 화자는 "슬픈 가관"이라고 표현현다. 공사장의 포클레인은 추억의 장소를 파헤치는 동시에 "그리움의 가슴을 파헤치"고 "슬픔에 우리를 꽁꽁 매달려고" 한다. 슬픔에 꽁꽁 매달린다는 것은 슬픔 속에서 빠져나오지 못하고 허우적대는 모습을 말하며, 이는 추억의 장소가 사라진 것에 낙담하고 슬퍼하기만 하는 수동적인 태도를 가리킨다고 유추해 볼 수 있다.

그런데 시적화자는 슬픔에 묶여 있기를 거부한다. 시의 후반부인 23행에서 "슬픔에 몸을 묶어놓아서는 안된다는 생각"을 하게 된 것이다. 의미 있는 공간이 파괴된 것은 이미 저질러진 슬픈 일이지만, 슬픔에 묶여 있지 말자고 말한다. 앞서 시 〈홍은동에서〉에도 표현되었듯이, 우리의 삶을 의미 있게 만들었던 공간이 무너져 내리고 파헤쳐지는 것은, 산업화와 도시화에 따른 도시 팽창 과정이기 때문에 누구도 거부할 수 없는 현실이 되었다. 슬프고 아픈 일이지만 시의 화자는 "저질러진 것에서 도망가면 안돼, 항상"이라고 다짐한다. 이미 저질러진 비극을 받아들이는 이 태도는 수동적인 체념이 아니다. 이 비극에서 도피하지 않되 함께 무너져 내리지 않고 현실을 직면하겠다는 태도다. 도망가지 않고 직면하겠다는 결심을 하게 된 이유는 "못다 이룬 일은 끝내 추억이 될 수 없다"는 생각 때문이다. 다시 말해, 이 시가 말하고 있는 것은 되돌릴 수 없는 무너짐과 파헤침의 현장에서도 여전히 이루어야 할 것이 있음을 확인하는 다짐의 태도이다. 무너지는 공사장을 우리의 "일상품목"으로 받아들이자는 것, 즉 우리의 풍경으로 받아들이자는 것이다.

또한, 시인은 의미를 잃어버린 공사장에 놓인 비극을 경험한 것이 "나"뿐만 아니라 "우리"의 일이라고 쓰고 있다. 이는 무너짐과 파헤침의 비극이 동시대를 살아가는 우리 모두에게 벌어지는 일임을 보여 준다. 〈홍은동에서〉에서 그려진 도로 건설이나 〈지하철 공사장에 다녀와서〉에 나타난 지하철 건설 모두 더 쾌적하고 편리한 도시 건설을 위한 공사임은 틀림없다. 시 속 화자는 산업화와 도시화로 대표되는 근대화를 전면적으로 거부하면서 살 수는 없다는 것을 잘 알고 수락한다. 하지만 이 과정에서 상실되는 것이 무엇인지를 직시해야 한다는 점을 강조한다. 그리고 이것이 한 개인이 경험하는 예외적인 비극이 아니라 "우리" 모두가 경험하는 공통의 문제임을 환기함으로써, 산업화 시기 도시 모빌리티가 빚어내는 슬픔과 소외의 문제를 민중시의 견지에서 드러낸 것이다. 따라서 김정환의 초기 시는 민중의 구체적 삶의 모습에 천착하며 1980년대 서울의 현실을 날카롭게 드러낸 텍스트라 하겠다.

정호승 시
깊이 읽기

| 작가 소개 |

정호승은 1950년 대구에서 태어났다. 경희대학교에서 국어국문학을 전공하고 동 대학원을 졸업했으며, 1973년에《대한일보》신춘문예에 시〈첨성대〉가 당선되어 작품 활동을 시작했다. 첫 시집은 1979년 간행된《슬픔이 기쁨에게》이고, 이후《서울의 예수》(1982),《새벽편지》(1987),《별들은 따듯하다》(1990),《사랑하다가 죽어버려라》(1997),《외로우니까 사람이다》(1998) 등 다수의 시집을 출간했다. 가장 최근 시집은《슬픔이 택배로 왔다》(2022)이며, 시집 외에도 다양한 책을 펴냈다. 산문집《내 인생에 힘이 되어준 한마디》,《고통 없는 사랑은 없다》 등이 있고, 동화도 여러 편 선보여 많은 사랑을 받았다.《다람쥐똥》,《항아리》,《쥐똥나무》,《물과 불》 등이 대표적이며,《모닥불》,《의자》 등 '어른이 읽는 동화'도 펴냈다. 소월시문학상, 동서문학상, 정지용문학상, 평운문학상 등을 수상한 바 있다.

정호승 시인의 1980년대 작품 세계는 민중적 삶의 슬픔을 드러내는 작업이었다고 요약할 수 있다. 한 개인이 경험하는 슬픔은 당대 사회 현실과 무관한 것일 수 없으므로, 슬픔에 대한 탐구는 개인을 슬픔으로 몰고 가는 현실의 부조리에 대한 탐구로 이어지기 마련이다. 특히 정호승의 두 번째 시집《서울의 예수》는 신의 아들 예수가 아니라 인간 예수의 모습을 그려 내면서 암울한 현실 문제를 날카롭게 보여 준다. 그러면서도 절망적 인식을 새로운 희망으로 길어 올리는 시적 이미지를 제시한다. 이로써 우리 삶에 도사리고 있는 슬픔은 한 개인의 문제이기를 넘어 '나'와 '너', 그리고 '우리' 사이의 공감과 연대의 문제로 확장된다.

1980년대를 전후한 시기 서울의 도시 모빌리티 확장 문제에 주목하는 이 책의 취지에 따라, 당시 서울 공간을 살아간 소시민들이 짊어졌던 구체적인 슬픔에 주목해 보자. 넓은 도로가 닦이고 지하철이 연결되고 한강변이 정비되면서 서울의 풍경은 나날이 변했다. 특히 '집'과 관련된 경관도 많이 달라졌다. 모빌리티 인프라가 확충되고 주택공급이 늘면서, 서울에 사는 사람들 사이의 물리적 거리는 줄어들었다. 그러나 어쩌면 심리적 거리는 더 멀어졌을지도 모르겠다. 한쪽에는 대규모 고층 아파트가 서 있고 바로 옆에는 야트막한 판잣집들이 늘어서 있는 기이한 모습이 일상적 풍경이 되었기 때문이다. 정호승 시인이 그린 1980년대 서울의 풍경 속 슬픔을 더듬어 보자.

| 시 읽기 |

산동네와 아파트

정호승 시인의 두 번째 시집 《서울의 예수》에는 〈봄편지〉, 〈봄눈이 오는 날 편지를 부친다〉, 〈기다리는 편지〉, 〈또 기다리는 편지〉, 〈마지막 편지〉 등 제목에서부터 '편지'를 다룬 시가 많다. 편지를 써서 보내는 행위는 현재 내가 편지를 받는 사람과 멀리 떨어져 있다는 것을 전제한다. 또한, 편지는 발신자와 수신자 사이의 소통이 즉각적이지 않음을 암시한다. 편지는 언제나 기다림을 수반한다. 그렇기 때문에 대체로 편지에는 자연스럽게 그리움과 슬픔의 정서가 스며들게 마련이다. 〈기다리는 편지〉에는 어떤 슬픔이 깃들어 있는가.

> 서울에도 오랑캐꽃이 피었습니다
> 쑥부쟁이 문둥이풀 바늘꽃과 함께
> 피어나도 배가 고픈 오랑캐꽃들이

산동네마다 무더기로 피었습니다

리어카를 세워 놓고 병든 아버지는

오랑캐꽃을 바라보며 술을 마시고

물지게를 지고 산비탈을 오르던 소년은

새끼줄에 끼운 연탄을 사들고

노을 지는 산 아래 아파트를 바라보며

오랑캐꽃 한 송이를 꺾었습니다

인생을 풀과 같은 것이라고

가장 중요한 것은 착하게 사는 것이라고

산 위를 오르며 개척교회 전도사는

술취한 아버지에게 자꾸 말을 걸고

아버지는 오랑캐꽃 더미 속에 파묻혀 말이 없었습니다

오랑캐꽃 잎새마다 밤은 오고

배고픈 사람보다 더 가난한 사람들이

산그늘에 모여 앉아 눈물을 돌로 내려찍는데

가난이 없는 세상을 만들기 위해서는

서로 함께 가난을 나누면 된다는데

산다는 것은 남몰래 울어보는 것인지

밤이 오는 서울의 산동네마다

피다 만 오랭캐꽃들이 울었습니다

— 정호승, 〈기다리는 편지〉(전문)

1980년대 중반 목동아파트 공사 현장(왼쪽), 1980년대 중반 옥수4구역 재개발 현장(오른쪽) ※ 출처: 서울사진아카이브

이 시에는 '오랑캐꽃'이 나온다. 오랑캐꽃은 오늘날에도 흔히 볼 수 있는 제비꽃을 말한다. 키가 작은 보라색 꽃으로, 산길이나 돌 틈에서도 봄부터 가을까지 흔히 찾아볼 수 있다. 이 시는 무더기로 오랑캐꽃이 핀 산동네의 인물 군상을 보여 준다. 먼저 "아버지"는 오랑캐꽃을 보며 "술을 마신다". 그는 병든 몸으로 리어카 끄는 일을 하고 있는데, 미루어 짐작해 볼 때 변변찮은 생활에 힘이 들어 시름을 잊고자 술을 마시는 것으로 보인다. "소년"은 오랑캐꽃 한 송이를 꺾어 본다. 물지게를 지고 산비탈을 오르는 모습이나 연탄을 사 들고 오는 것으로 볼 때, 가난한 산동네에서 힘들게 살아가는 처지임이 틀림없다. 산 아래 아파트를 내려다보며 꽃을 꺾는 행위는 소년의 절망과 슬픔을 엿보게 한다. 교회 전도사는 "가장 중요한 것은 착하게 사는 것"이라고 했지만, 아버지와 소년이 아무리 착하게 산다 한들 그들의 가난이 쉽게 지워질 리 없다. 그런 현실 때문에 "밤이 오

1970년대 초 무허가 건물(왼쪽)　※ 출처: 서울사진아카이브.　KBS 일일연속극 〈달동네〉(1980)(오른쪽)
※ 출처: 대한민국역사박물관

는 서울의 산동네"에서는 "배고픈 사람보다 더 가난한 사람들"이 "남
몰래 울"고 있는 것이다. 결국 이 시는 서울의 산동네에서 가난한 삶
을 꾸려 가는 사람들의 밤 풍경을, 보잘것없어 보이지만 돌 틈에서
도 살아남아 꽃피우는 오랑캐꽃에 빗대어 그려 내고 있다고 읽을 수
있다.

　시 속의 아버지나 소년이 경험하는 모빌리티는 숨이 턱 막힐 정
도로 힘에 부치는 운동으로 그려진다. "물지게를 지고 산비탈을 오
르"고 "산 위를 올"라야만 하기 때문이다. 돌 틈을 비집고 겨우 피어
나는 작은 오랑캐꽃처럼, 그들에게는 일상적인 이동도 힘겨운 노동

이 된다. 산 아래 아파트에 사는 사람들이 자동차를 타고 잘 닦인 도로 위를 빠르고 편리하게 이동하고, 생활 인프라가 잘 갖춰진 집 안에서 편리하게 수도를 사용하고, 어쩌면 예쁘게 피어난 오랑캐꽃을 낭만적으로 감상하는 동안에, 산 위 달동네에 사는 사람들은 힘겹게 리어카를 끌며 두 발로 이동하고, 물지게를 지고 산비탈을 올라야만 물을 사용할 수 있기에, 오랑캐꽃 앞에서 술을 마시거나 그 꽃을 꺾어 버릴 수밖에 없다. 정호승의 〈기다리는 편지〉는 1980년대 서울 빈민가의 모습을 모빌리티 풍경을 통해 그리고, 그 슬픔의 깊이를 드러낸다.

주지하다시피, 1960년대 이후 지속적인 이촌향도 모빌리티로 서울 인구집중이 가속화되었고 서울은 팽창했다. 그렇기 때문에 불어나는 인구의 안정적인 주거 문제는 이 시기 서울시가 당면한 주요 과제였다. 주택공급 물량이 쏟아졌고, 아파트 단지가 계속 늘어났다. 강남 개발이 가속화되면서 한강을 중심에 두고 서울의 풍경이 급변하던 시기다. 아파트에 거주하는 중산층이 가시화된 것도 1980년대를 전후한 이때이다. 이 시기에 이르러 서울에서 살아가는 중산층의 라이프스타일이 '아파트'와 '자동차'로 그 구체적 형식을 갖게 되었다. 하지만 동시에 도시빈민도 함께 늘어났다. 따라서 이 시기는 한 도시를 살아가는 사람들 사이의 위계화가 점점 뚜렷해진 시기라고 할 수도 있다.

우리에게 잘 알려진 조세희의 연작소설 《난쟁이가 쏘아올린 작은 공》(1975~1978)에는 서울 판자촌의 풍경과 철거민이 처한 상황이 잘 그려져 있다. 우리는 소설을 통해 끊임없이 진행되는 도시의 재개발 공사 속에서 소외되고 박탈당하는 철거민의 삶을 본다. 아파트를 구매하고 부동산투자를 할 수 있는 사람들은 서울의 팽창과 개발로 큰 수익을 얻으며 서울에서의 편리한 삶을 손에 넣었지만, 도시 개발의 주변부에 머물 수밖에 없는 사람들은 점점 더 주변으로 밀려나면서 도시빈민으로 전락했다. 이들은 대대적으로 확충되는 도시 모빌리티 인프라에서도 취약계층으로 소외되었다. 정호승 시인이 그린 〈기다리는 편지〉 속 "병든 아버지"와 "소년"은, 저 멀리 "산 아래 아파트"의 삶과는 점점 멀어지며 위계화되는 도시빈민의 모습을 대표한다.

슬픔과 공감의 윤리

다음으로 읽어 볼 시는 《서울의 예수》의 표제시 〈서울의 예수〉이다. 시의 화자 "나"는 "예수"이다. 그가 경험하는 시공간적 배경에 주목하면서 시를 읽어 보자.

1

예수가 낚싯대를 드리우고 한강에 앉아 있다. 강변에 모닥불을 피워놓고 예수가 젖은 옷을 말리고 있다. 들풀들이 날마다 인간의 칼에 찔려 쓰러지고 풀의 꽃과 같은 인간의 꽃 한 송이 피었다 지는데. 인간이 아름다워지는 것을 보기 위하여, 예수가 겨울비에 젖으며 서대문 구치소 담벼락에 기대어 울고 있다.

2

술 취한 저녁. 지평선 너머로 예수의 긴 그림자가 넘어간다. 인생의 찬밥 한 그릇 얻어먹은 예수의 등 뒤로 재빨리 초승달 하나 떠오른다. 고통 속에 넘치는 평화, 눈물 속에 그리운 자유는 있었을까. 서울의 빵과 사랑과, 서울의 빵과 눈물을 생각하며 예수가 홀로 담배를 피운다. 사람의 이슬로 사라지는 사람을 보며, 사람들이 모래를 씹으며 잠드는 밤. 낙엽들은 떠나기 위하여 서울에 잠시 머물고, 예수는 절망의 끝으로 걸어간다.

3

목이 마르다. 서울이 잠들기 전에 인간의 꿈이 먼저 잠들어 목이 마르다. 등불을 들고 걷는 자는 어디 있느냐. 서울의 들길은 보이지 않고, 밤마다 잿더미에 주저앉아서 겉옷만 찢으며 우는 자여. 총소리가 들리고 눈이 내리더니, 사랑과 믿음의 깊이 사이로 첫눈이 내리더니, 서울에서 잡힌 돌 하나, 그 어디 던질 데가 없도다. 그리운 사람 다시 그리운 그대들은 나와 함께 술잔을 들라. 눈 내리는 서울의 밤하늘 어디에도 내 잠시 머리 둘 곳이 없나니, 그대들은 나와 함께 술잔을 들라. 술잔을 들고 어둠 속으로 이 세상 칼끝을 피해 가다가, 가슴으로 칼끝에 쓰러진 그대들은 눈 그친 서울밤의 눈길을 걸어가라. 아직 악인의 등불은 꺼지지 않고, 서울의 새벽에 귀를 기울이는 고요한 인간의 귀는 풀잎에 젖어, 목이 마르다. 인간이 잠들기 전에 서울의 꿈이 먼저 잠이 들어 아, 목이 마르다.

4

사람의 잔을 마시고 싶다. 추억이 아름다운 사람을 만나, 소주잔을 나누며 눈물의 빈대떡을 나눠 먹고 싶다. 꽃잎 하나 칼처럼 떨어지는 봄날에 풀잎을 스치는 사람의 옷자락 소리를 들으며, 마음의 나라보다 사람의 나라에 살고 싶다. 새벽마다 사람의 등불이 꺼지지 않도록 서울의 등잔에 홀로 불을 켜고 가난한 사람의 창에 기대어 서울의 그리움을 그리워하고 싶다.

5

나를 섬기는 자는 슬프고, 나를 슬퍼하는 자는 슬프다. 나

를 위하여 기뻐하는 자는 슬프고, 나를 위하여 슬퍼하는
자는 더욱 슬프다. 나는 내 이웃을 위하여 괴로워하지 않
았고, 가난한 자의 별들을 바라보지 않았나니, 내 이름을
간절히 부르는 자들은 불행하고, 내 이름을 간절히 사랑
하는 자들은 더욱 불행하다.

— 정호승, 〈서울의 예수〉(전문)

이 시에서 "예수"는 신적인 존재가 아니라 서울이라는 구체적인
공간 속에서 살고 있는 존재로 그려진다. 그는 한강에서 낚시를 하
고 젖은 옷을 말리고 서대문 구치소 담벼락을 걷고 술도 마시고 담
배도 피우는 지극히 평범한 인간적 존재이다. 특히 2연에서는 "예
수"가 서울에서 느끼는 슬픔과 절망이 잘 드러난다. "찬밥 한 그릇",
"서울의 빵과 눈물", "이슬로 사라지는" 사람이나 "모래를 씹으며 잠
드는" 사람들이라는 표현 등을 통해, 우리는 이 시기 서울에서 살고
있는 사람들이 경험하는 가난과 절망을 짐작해 볼 수 있다.

산업화로 인해 서울로 이주한 사람들은 저마다 다양한 배경과 뿌
리를 갖고 있을 텐데, 이촌향도 모빌리티를 감행한 대다수의 노동
자들은 고향을 떠나온 외로움, 알 수 없는 미래에 대한 불안감, 서울
살이의 고단함을 공통적으로 경험했다. 또한 다양한 이유로 고향을
떠나온 사람들인 만큼 이질적인 요소들의 계속적 충돌을 경험하는

것이 바로 이들의 서울살이였을 것이다. 시 속에 표현된 "떠나기 위하여 서울에 잠시 머무"는 "낙엽들"처럼, 일자리를 찾아 서울로 모여든 사람들도 어쩌면 서울에서 안정적이고 행복한 삶을 일궈 가는 것이 아니라 위태롭게 잠시 머물고 있는 것인지 모른다. 시 속에서 "예수"는 이런 생각을 하며 "절망의 끝으로 걸어간다". 실제로 1980년대 우리나라의 경제성장을 보여 주는 각종 지표가 날마다 갱신되고 도시정비사업이 가속화되면서 서울도 점차 대도시화되고 있었지만, 그 화려한 겉모습 뒤에는 깊은 그림자가 드리워져 있음을 이 시는 지적한다.

3연에서 드러난바, "서울의 들길은 보이지 않고" 여기에는 "밤마다 잿더미에 주저앉아서 겉옷만 찢으며 우는 자"가 있을 뿐이다. 서울의 밤하늘 어디에도 머리 둘 곳이 없는 자, 칼끝에 쓰러진 자, 목이 마른 자, 그는 "예수"인 동시에 서울에서 살아가는 모든 가난한 자들이기도 하다. 이 시의 시간적 배경이 되는 밤은 고통받는 자들의 시간이며, 공간적 배경이 되는 눈 내린 길은 이들의 춥고 위태로운 공간을 상징한다. 깜깜하고 척박한 시공간에 놓인 민중의 삶은 슬픔으로 가득하지만, 〈서울의 예수〉 속 "예수"는 이들을 손쉽게 구원하지 않는다. 시인은 "예수"를 신적인 능력을 가진 형상이 아니라 보통 사람처럼 술잔을 기울이며 담배를 태우고 고뇌하는 평범한 인간으로 그림으로써, 민중의 슬픔을 쉽게 위로하기보다는 거기에 묵묵히 공감하는 태도를 보여 준다. 따라서 "그대들은 눈 그친 서울밤

1984년 서울 시내(왼쪽), 1980년대 한강 철교(오른쪽) ※ 출처: 서울사진아카이브

의 눈길을 걸어가라"라는 3연의 시구는, 서울의 밤하늘 아래 눈길을 걷는 행위 자체를 절망과 아픔에 공감하며 동참하는 행위로 의미화한다. 구원을 상징하는 수직적 이동을 거부하는 동시에, 소외된 이들을 못 본 척 지나치거나 도망가는 이동도 거부하고, 시인이 택한 것은 이들과 함께 걸어가는 행위다. 그 속에 담긴 윤리적 태도는 산업화 시대 서울의 쓸쓸함을 독자에게 환기한다.

이 두 편의 시 외에도, 《서울의 예수》에 수록된 많은 시들은 서울에서 살아가는 사람들이 저마다 지고 있는 슬픔을 다루고 있다. 서울역에서 서부역으로 가는 육교 위, 봉래극장 앞, 중림동 성당 등을 서성이면서 겨울밤에 껌을 파는 소년의 모습을 다룬 〈겨울소년〉, 판잣집의 삶과 맨션아파트의 삶에 대한 대조, 공사장과 옥상 아파트에서 삶을 마감한 사람 이야기, 공안에 끌려간 구두닦기 소년 이야기 등을 다루고 있는 〈부활절〉, 남대문 직업안내소의 창밖으로 바라본 서울 풍경을 그린 〈불빛소리〉, 지하철에 몸을 싣고 달리는 사람들의 내면을 보여 주는 〈밤 지하철을 타고〉 등을 들 수 있다. 이 외에도 〈서울을 떠나려는 자에게〉, 〈서울에서 살기 위하여〉, 〈우리들 서울의 빵과 사랑〉, 〈서울 복음〉 1, 2 등 여러 시편들이 서울이라는 공간에서 빚어지는 다양한 슬픔과 소외의 풍경에 주목한다. 제각기 그 이유는 다르더라도 일단 '떠나왔다'는 점에서는 같은 사람들, 그리고 언제 '다시 떠날지 모른다'는 공통점을 가진 사람들. 삭막한 도시 서울에 도무지 동일화되지 못하고 이방인처럼 외롭고 불안하게 서성이는 《서울의 예수》 속 군상들은, 이 시기 이촌향도 모빌리티가 낳은 쓸쓸한 내면 풍경을 잘 보여 준다.

〉〉〉 더 찾아보기

- 김나현, 〈팔림세스트: 검은고라니와 황색예수-1980년대 김정환의 글쓰기〉, 《현대문학의 연구》 77호, 한국문학연구학회, 2022.
- 김정환, 《지울 수 없는 노래》, 창작과비평사, 1982.
- 미미 셸러, 《모빌리티 정의》, 최영석 옮김, 앨피, 2019.
- 송은영, 《서울 탄생기》, 푸른역사, 2018.
- 정호승, 《서울의 예수》, 민음사, 1982.

2장

1980년대 민중시와
남도 표상

국토 표상의 분화와
민중시

산업화 시기였던 1960~70년대에는 인구 대다수가 일자리를 찾아 도시로 모여들었다. 그 결과, 서울이나 수도권 혹은 울산이나 포항 등 대규모 공업도시로 인구가 집중되었다. 이 특징적인 인구 이동 현상이 바로 '이촌향도離村向都'이다. 대를 이어 삶의 기반이 되었던 농토 중심의 고향을 떠나서 낯선 도시 생활을 시작한 이촌향도 이주자들은 대부분 가난할 수밖에 없었기 때문에 쾌적한 도시 생활을 누리기는 힘들었다. 앞에서 살펴본 바와 같이 당시에는 도시 모빌리티를 비롯한 각종 인프라가 기하급수적으로 발전하고 있었지만, 그 속도만큼이나 빠르게 서울로의 인구집중도 동시에 진행되었다. 따라서 경제적 취약계층은 도시 인프라가 아직 다 갖춰지지 못한 변방으로 점점 소외되고 있었다. 이촌향도를 선택한 대부분의 노동자는 단순 기술만을 요하는 노동집약적 노동환경을 선택할 수밖에 없었고, 양

적성장만을 우선시하던 당시의 노동환경 속에서 가장 먼저 착취당하는 대상으로 전락하기 십상이었다. 노동 현장에서 벌어지는 각종 부조리를 경험하면서 그들의 타지 생활은 점점 척박해져 갔다.

또한, 고향에서의 생활이 대체로 농촌공동체를 중심으로 돌아갔던 것에 비해, 도시 생활은 출신 배경이 각기 다른 익명의 대중성을 바탕으로 한 것이었기에 외로움과 고립감은 이 시대 이촌향도 노동자들의 기본 정서이기도 했다. 그렇다고 해서 농촌공동체의 삶을 고집할 수만은 없었다. 점점 도시화되는 사회 변화 속에서 결국 이촌향도 모빌리티는 시대가 요청하는 거대한 흐름이기도 했다. 고향을 떠나 도시로 진입하는 산업화 시대 노동자의 모빌리티는, 한편으로는 새로운 꿈을 찾아 도시로 떠나는 식의 자발적인 선택이기도 했지만, 다른 한편으로는 한 개인의 선택을 넘어 당시의 사회구조가 유도한 필연적인 결과물이기도 했다.

이촌향도 모빌리티를 경험하면서 도시에서의 척박한 삶을 이어가게 된 민중들에게, 고향은 돌아가고 싶은 안식처인 동시에 다시는 돌아갈 수 없는 과거이기도 하다. 그래서 이 시기 민중시에는 공동체 정신을 간직하고 있는 고향의 모습이 자주 재현된다. 고향은 언제나 넉넉하게 우리를 안아 주는 어머니 품 같은 공간인 동시에, 개발의 불평등 속에서 명백하게 소외되고 낙후되어 있는 몰락하는 공간이기도 하다. 회상의 공간으로서 발견되는 고향의 이미지는 이 시기 급진전된 도시화가 낳은 새로운 시적 이미지였다. 이는 산업화 시기를 거치며 국토 표상이 점차 위계화되었음을 방증한다. 전 국토가 균형 있게 발전하고 빠르게 연결되면서 '1일 생활권'이 실현 되고 모두가 살기 좋은 대한민국이 완성될 것이라는 근대화 프로젝 트는, 국가 주도 발전의 그물망 안에 놓인 장소들만을 가시화하고 다른 공간들은 비가시화함으로써만 달성될 수 있는 청사진이었다. 국토 표상의 위계 속에서, 소위 시골이나 산골 혹은 변두리 등은 국 가 주도 국토개발에서 부정의 대상으로 재현되거나 아예 재현되지 않는 방식으로 타자화되었고, 일부 낭만화되었다.

1970~80년대에 발표된 이성부와 송수권의 시편을 통해 위계화되 는 국토 표상과 고향 이미지를 읽어 보고자 한다. 특히 지리산, 무등 산, 남도 등 특정한 로컬리티 정체성이 새롭게 의미화되는 과정을 확인할 수 있다. 이는 집중적인 도시화가 낳은 새로운 모빌리티 경 험이 재포착하는 공간 경험이라 하겠다.

이성부 시
깊이 읽기

| 작가 소개 |

이성부는 1942년 광주에서 태어났다. 경희대학교 국어국문학과를
졸업하고 1962년에 《현대문학》에 추천 완료되어 등단했다. 1962년
시인사에서 펴낸 첫 시집 《이성부 시집》을 시작으로, 《우리들의 양
식》(1974), 《백제행》(1976), 《전야》(1981), 《빈 산 뒤에 두고》(1989),
《야간산행》(1996), 《지리산》(2001), 《작은 산이 큰 산을 가린다》
(2005) 등의 시집을 발표했다. 현대문학상, 한국문학작가상, 대산문
학상, 편운문학상, 공초문학상, 경희문학상, 영랑시문학상 등을 수
상한 바 있으며, 2019년에 별세했다.

시인 이성부는 소외된 민중들의 아픔과 슬픔을 시로 그린 대표적
인 민중시인이다. 냉혹한 도시 현실을 비판하며, 빠른 속도로 진행되

는 산업화와 도시화로부터 소외된 사람들의 삶을 애정 어린 시선으로 그려 낸 것이 이성부 초기 시의 특징이다. 특히 〈전라도〉 연작을 통해 핍박받은 땅에서 삶을 꾸리는 민중들의 모습을 시적으로 드러내어 공감하고 연대하는 태도를 보여 주었다. 후기 시에서는 지리산, 백두산 등을 무대로 삼아 민중의 역사적 상상력을 시적으로 형상화하였다. 이성부 시인의 시를 보면 산업화 시기 이촌향도 모빌리티가 낳은 정동을 엿볼 수 있다.

정동affect이란 한 개인이 소유하는 감정이나 정서와는 조금 다르다. 정동은 정서 너머에 있는 강렬하고 충동적인 운동성, 그 힘들의 마주침을 가리키는 개념이다. 산업화 시기, 가속화되는 도시화로 국토 공간이 점점 위계화되는 상황에서 고향을 떠나 도시로 향하는 이동은 정동적일 수밖에 없다. 이는 한 개인의 선택적 이동인 동시에 국가정책 및 산업구조의 변화가 촉발한 사회적 이동이며 불확실성 속에서 완료되지 않는 이동이기 때문에, 이향민離鄕民들의 신체는 끊임없이 작용하고 작용받는 힘의 총체 속에서 계속 부딪치게 된다. 이것이 바로 단순한 희망으로도, 단순한 그리움으로도 포획할 수 없는 이촌향도 모빌리티의 정동이다.

떠나가는 모빌리티

이성부의 두 번째 시집《우리들의 양식》은 1974년에 초판이 간행된 이후 꾸준히 사랑받아 온 시집이다. 이 시집에서 첫 번째로 주목해 볼 시는 전통적 의미의 공동체가 남아 있는 '마을'과 그곳을 떠날 수 밖에 없는 '사람들'의 이야기를 그린〈마을〉이다.

사람들은 자꾸 돌아보며 떠나간다.
시를 몰랐다면 나는 아무 살인자나 도둑이 되어
남의 피를 훔쳤을 게다. 혹은 눈물뿐인 사내도 되어
저 배고픔과 죽음들 쪽에
쓸데없는 슬픔만 보탰을 게다.

그러나 나는 아직 지키고 본다.
말없는 땅에 남아버린 것은 목마른 힘,
붉게 타는 논바닥의 고요, 노인과 아녀자와 마른 손들이
더듬어 찾는, 없는 사랑의 물기를 본다.
내가 더욱 시를 몰랐다면 뜬눈으로도
감긴 세상의 어둠을 붙잡지 못했을 게다.

그들의 눈먼 헤맴은 오직 그들의 일,

그들의 일이면서 그들만의 일이 아닌

그들의 일, 겁 많고 깨끗한 마음들이 하나씩 떠나간다.

좋은 시를 쓰기에는 그러기에 아직은 어리석고

아직도 나는 씩씩한 마을과는 너무도 멀다.

— 이성부, 〈마을〉(전문)

시 속에서 "사람들은 자꾸" 마을을 떠나가고 있다. 그러나 산뜻하게 떠나지 못하고 "돌아보며 떠나간다". 여기에 그려진 마을은 한때 사람들이 어울려 살던 평화로운 정주적 공동체였을 것이나, 현재 여기에 남아 있는 것은 "배고픔과 죽음들" 그리고 "슬픔"뿐이라서 사람들이 자꾸 떠나가는 것이다. 이는 산업화와 도시화의 반작용으로 점점 황폐해지는 농촌 마을의 상황을 암시적으로 환기한다. 2연에 서술된 것처럼 황폐해진 마을의 논바닥은 "붉게 타"고 있으며, 이제 마을에 남은 사람들은 "노인과 아녀자와 마른 손들" 뿐이다. 농촌 마을에서 생산 활동이 가능한 사람들은 자꾸만 뒤돌아보며 떠나갈 수밖에 없는 상황임을 보여 주는 대목이다. 노인과 아녀자, 혹은 '마른 손'으로 표현되는 '남은 이'들은 아마도 생산가능인구가 아니기 때문에 다른 선택지가 없어 마을에 남았을 것이다. 그러나 본인의 선택으로 의지적으로 마을에 남은 자도 시 속에 있다. 그는 2연에 등장하는 화자 "나"이다.

시 속에서 "나"는 떠나가지 않고 마을을 "아직 지키고 본다". "나"는 마을에 남아, 남아 있는 것과 떠나가는 것을 지켜보며 기록하고 있다. 그들이 자꾸만 "돌아보며 떠나"간다는 점을 기록한다. 그들은 한편으로는 떠나야만 하는 이유가 있고, 다른 한편으로는 뒤를 돌아봐야만 하는 이유가 있다. '마을'에는 여기에서 더 이상 살 수 없게 만드는 그 무엇이 있는 동시에, 도저히 여기 두고는 발길이 떨어지지 않는 그 무엇도 있다. 이것은 산업화 시대 이촌향도의 모빌리티를 수락한 수많은 신체들이 겪어야만 했던 정동을 고스란히 보여 주는 대목이다. 사회구조의 급격한 변화에 따라 많은 사람들이 물리적 이동과 사회적 이동을 감내해야 했지만, 그 과정에서 필연적으로 소외와 부조리를 경험할 수밖에 없었다. 일종의 사회변동에 따른 부작용이었지만, 그 과정에서 그 부작용을 고스란히 경험하는 것은 개개인의 신체이다. 결국 떠난 이들은 3연에서 서술된바, "눈먼 헤맴"을 겪을 수밖에 없다. 시적화자 "나"는 결국 떠나가는 그들을 "겁 많고 깨끗한 마음들"이라고 표현한다.

마을을 떠나는 사람들의 뒷모습을 관찰하고, 무너져 내리는 마을의 변화를 기록하는 것은 "시"가 가진 힘이다. 1연 2행의 표현처럼, 시적화자는 "시"를 알았기 때문에 "살인자나 도둑"이 되지 않고 "쓸데없는 슬픔"에만 빠져 있지도 않고, 부족하나마 시로써 이 사태를 기록할 수 있다. 시는 "세상의 어둠"을 붙잡게 해 주고, "씩씩한 마을"을 기록하게 해 준다. 우리는 이 시를 통해 산업화 시기 이촌향도 모빌리티가 낳은 설움이 각 개인과 마을 공동체에 어떠한 영향을 미쳤는지를 읽어 낼 수 있다.

돌아오는 모빌리티

해마다 봄으로 떠난 사람들이
낯붉히며 도망가듯 떠난 사람들이
이제는 하나씩 돌아온다.
죽지 하나가 찢겨진 채
그리하여 그들은 돌아온다.
모르는 땅의 헤맴이란
얼마나 더디고 더딘 꿈이었던가.
만나는 사람마다 만남을 알 수 없는
깊은 슬픔 속에 주저앉고 마는,
모르는 땅의 모르는 몸들.

그리하여 그들은 돌아온다.
그들을 떠나 살게 한 어둠 속으로,
과거 속으로, 혹은 당겨지는 미래 속으로

사랑의 한 점

진한 언어를 찍기 위하여

그들은 보다 힘차게 돌아온다.

— 이성부, 〈귀향〉(전문)

앞서 살펴본 시 〈마을〉과 이어서 볼 수 있는 시다. 〈마을〉에 재현된 사람들, 즉 고향을 떠났던 사람들이 다시 고향으로 돌아오는 풍경으로 읽을 수 있기 때문이다. 1연에서는 고향을 등질 수밖에 없었던 이들의 이동이 "낯붉히며 도망가듯" 수행된 이동이었음이 드러난다. 얼굴을 붉히며 도망치듯 행동하는 것은 수치심, 혹은 모멸감 때문이다. 고향을 떠나는 이동은 형식적으로 자신이 선택한 자율적 이동이지만, 다른 현실적 선택지가 없어 어쩔 수 없이 택한 것이기 때문에 이동 주체의 내면은 부끄러운 모멸감으로 가득차게 된다. 이 정동적 이동은 결국 "모르는 땅"에서 "헤매"이다가 "죽지 하나가 찢어진 채" 상처를 안고 "깊은 슬픔 속에 주저앉고 마는" 설움의 모빌리티였음을 알 수 있다. 이 점은 산업화 시기 도시로 나간 노동자들이 겪은 고통과 슬픔을 고스란히 보여 준다. 척박한 타지 생활이 그들에게 남긴 것은 상처뿐, 결국 그들은 귀향을 선택한다.

하지만 시인은 이들의 귀향 모빌리티를 무기력한 패배자의 모빌리티로만 그려 내지 않는다. 애초에 고향은 "그들을 떠나 살게 한 어둠"이었지만, 시인은 그 어둠 속에서 "과거"와 함께 "당겨지는 미래"를 본다. 함께 기대어 살아가는 과거 공동체 안에서 미래로 투사되는 희망을 발견한다. 그것은 사랑이다. 척박한 도시 생활에서 아픔을 당하고 상처를 입었지만, 고향에는 "사랑의 한 점"이 있기에 그들은 다시 일어설 수 있고 미래를 향해 앞으로 나아갈 수 있다. 사랑으로 함축되는 민중의 자기 긍정이 있기에, 모멸감으로 떠났던 그들은 이제 "보다 힘차게 돌아오"는 것이다.

산업화나 경제발전의 논리로만 보면, 임금노동자로서의 새로운 생활을 꿈꾸며 도시로 향했다가 귀향하는 사람들의 모빌리티는 실패의 모빌리티로 셈해질 수 있다. 하지만 이성부의 시는 돌아오는 모빌리티를 긍정하고, 그 안에 잠재된 희망을 읽어 낸다. 이는 경제 논리로만 환원될 수 없는 사랑이 우리의 삶을 지탱하는 중요한 가치임을 재확인시켜 준다.

| 작가 소개 |

송수권은 1940년 전남 고흥에서 태어났다. 서라벌예술대학교 문예창작학과를 졸업했고, 1975년에《문학사상》신인상에 시가 당선되면서 등단하였다. 전라남도문화상, 소월시문학상, 국민훈장 목련장, 김달진문학상 등을 수상한 바 있다. 첫 시집은 문학사상사에서 1980년에 간행된《산문山門에 기대어》이다. 이후《꿈꾸는 섬》(1982),《아도》(1984),《새야새야 파랑새야》(1986),《우리들의 땅》(1988) 등 다수의 시집을 출간하였다.

　송수권 시인은 향토적인 서정성을 계승하며 민중의 건강한 토속적 삶을 꾸준히 시적으로 형상화하였다. 특히 남도 방언과 토속적 풍물을 적극적으로 활용하여 산업화 시기 도시화 물결에서 소외된 향토적 가치를 복원하는 시 세계를 구축했다. 한국 서정시에 전통적으로 드러나는 한의 정서를 계승하는 동시에, 고향이라는 전통적 공간이 가진 가치를 조명해 현대의 부조리를 성찰하게 하는 날카로운 문제의식을 보여 주었다.

도시로 상징되는 근대화의 공간이 수치화하고 계량화할 수 있는 합리성의 공간이라면, 고향은 그 반대항으로 발견된 공간이었다. 합리적 계산으로 다 환원할 수 없는 어떤 것이 깃든 공간이며, 치유와 회복의 공간으로 표상되었다. 그래서 이 시기 여러 민중시인들은 오랜 시간 우리 민중이 살아온 터전인 고향을 새롭게 의미화하는 작업을 보여 주었다. 수천 년, 수만 년 동안 변치 않고 있는 산이나 강, 오래된 마을은 빠르게 달려가는 근대화·산업화를 돌아보게 해 준다. 또한 고향에서 만나 볼 수 있는 이름 없는 시냇물, 흔하디흔한 들풀, 작은 돌멩이는 휘황찬란한 도시화가 놓치고 있는 것이 무엇인지를 셈해 보게 한다. 남도의 시인, 송수권의 시 두 편을 통해 향토의 모빌리티를 읽어내 보자.

공동체의 공간

여러 산봉우리에 여러 마리의 뻐꾸기가

울음 울어

떼로 울음 울어

석 석 삼년도 봄을 더 넘겨서야

나는 길 뜬 설움에 맛이 들고

그것이 실상은 한 마리의 뻐꾹새임을

알아냈다

지리산 하

한 봉우리에 숨은 실제의 뻐꾹새가

한 울음을 토해 내면

뒷산 봉우리 받아넘기고

또 뒷산 봉우리 받아넘기고

그래서 여러 마리의 뻐꾹새로 울음 우는 것을

알았다

지리산 중

저 연연한 산봉우리들이 다 울고 나서

오래 남은 추스름 끝에

비로소 한 소리 없는 강이 열리는 것을 보았다

섬진강 섬진강

그 힘센 물줄기가

하동 쪽 남해로 흘러들어

남해 군도의 여러 작은 섬을 밀어 올리는 것을 보았다

봄 하룻날 그 눈물 다 슬리어서

지리산 하에서 울던 한 마리 뻐꾹새 울음이

이승의 서러운 맨 마지막 빛깔로 남아

이 세석細石 철쭉꽃밭을 다 태우는 것을 보았다

— 송수권, 〈지리산 뻐꾹새〉(전문)

　　이 시는 지리산의 여러 산봉우리와 거기에서부터 남해까지 힘차
게 물줄기가 이어지는 섬진강을 포함한 넓은 공간을 다루고 있다.
시적화자는 지리산 여기저기에서 때로 울리는 뻐꾸기 울음소리가
사실은 뻐꾸기 한 마리의 울음소리에서 시작된 것임을 깨닫는다. 2
연에 서술된 것처럼, 지리산 아래 한 봉우리에서 시작된 "실제의 뻐
꾹새"가 토해 낸 울음을 뒷산의 봉우리가, 또 그 뒷산의 봉우리가 받

지리산(왼쪽), 섬진강(오른쪽) ※ 출처: 《한국의 백대절경》(마당, 1983)

아넘기면서 "여러 마리의 뻐꾹새로" 울게 된 것이다. 한 마리 뻐꾹새
의 울음은 지리산 산봉우리를 다 돌아 증폭되며, 이 증폭된 울음의
힘은 3연에서부터 섬진강 물줄기 이미지로 변환된다. 지리산에서
시작된 이 물줄기는 섬진강으로 흘러 하동을 거쳐 남해로 흘러가 남
도 섬들을 밀어 올리는 힘찬 물줄기가 된다.

　한 목소리에서 출발했지만 여러 울음소리가 되는, 이와 동시에 여
러 울음소리지만 결국은 한목소리로 울리는 뻐꾸기 울음소리나, 남
해 군도의 여러 작은 섬들이 하나의 물줄기로 밀어 올려지는 것은,
혼자서는 작고 미약할지 모르나 함께 모였을 때에는 엄청난 힘을 발
휘하는 공동체 정신이다. 이 시가 공간적 배경으로 삼고 있는 지리

산과 남해라는 공간은 민중의 정신을 집약하는 공동체적 공간으로, 여기에서의 움직임은 하나의 거대한 운동성으로 나타나는 특성이 있다.

시의 마지막 연을 보면, 시의 서두에 나왔던 한 마리 뻐꾹새가 다시 등장한다. 그 소리가 온 산에 울려 퍼지고 힘센 물줄기로 바뀌었던 뻐꾹새의 울음은 이제 "이승의 서러운 맨 마지막 빛깔"이 되어 지리산 "철쭉꽃밭을 다 태우"게 된다. 지리산 뻐꾹새 울음이 온 산봉우리를 울리는 울음소리로, 남해까지 감싸는 물줄기로, 지리산을 붉게 태우는 철쭉으로, 봄 하룻날에 화한 것이다. 결국 이 시는 지리산으로 상징되는 민중의 공간에서는 설움에 북받치는 한 마리 뻐꾹새의 울음도 거대한 한목소리가 되어 힘센 물줄기로 이어질 수 있음을 보여 준다. 공동체의 공간인 지리산에서는 서로의 설움을 "받아넘기고", 이로써 새로운 공간이 "열리고" 그곳으로 쉼 없이 "흘러들어", 서로를 "밀어 올리는" 연대가 일어난다. 이 공간은, 각자 익명의 개인들로 흩어져 설움을 겪는 공간인 산업화 시기 도시 공간과 극적 대비를 이루며 연대의 가치, 공동체의 가치를 생각해 보게 한다.

덧붙여, 이러한 대안적 공간이 주로 지리산을 비롯한 남도의 공간으로 표상됐다는 점도 특기할 만하다. 해방과 치유를 상징하는 대안적 공간으로서의 남도 표상은 이성부와 송수권 외에도 신경림, 김남주 등 다른 민중시인들의 시에서도 어렵지 않게 찾아볼 수 있다. 남도로 대표되는 로컬리티는 국가 주도의 국토개발정책에서 상대적으로 소외된 공간으로 특화되어 당대의 시나 소설뿐만 아니라 여러 기행산문의 배경이 되었고, 신문이나 잡지에 사진으로 종종 재현되었는데, 이 같은 반복적 재현에 힘입어 남도 표상의 전형성은 또다시 강화되는 양상을 보였다.

재생의 공간

이 시는 앞서 살펴본 〈지리산 뻐꾹새〉와 함께 송수권의 첫 시집 《산문에 기대어》에 수록된 시 〈정든 땅 정든 언덕 위에〉이다. 이번에도 시의 배경이 되는 공간이 어떻게 구성되어 있고, 어떤 의미를 띠는지에 주목하면서 시를 읽어 보자. 이 시에도 '지리산'처럼 설움을 겪는 민중에게 위안이 되는 회복과 재생의 공간이 등장한다. 그곳은 바로 제목에서부터 명시된 '정든 땅 정든 언덕'이다.

> 낯선 곳 낯선 풍경을 지치도록 달리다 보면
> 예 살던 징검돌 하나라도 이리도 마음에 맺히는 거
> 물방아는 처릉처릉 하얀 물잎새를 쳐내고
> 달맞이꽃이 환한 밤길엔
> 솔솔 어디선가 박가분 냄새가 코를 미었다
> 나는 지금 남부 이탈리아 롬바르디아 평원을 달리며
> 이 평원을 다 준다 해도

내 편히 쉴 곳 없음을 안다

베르디가 노래한 아침 태양도

내 가슴을 적셔 내리진 못한다

어디에선가 거대한 성곽에서 종이 울리고

진군의 나팔소리 따라

천국이 하늘 위에 있다고 일러주지만

아무래도 내 깃들일 수 있는 것은

이 대평원이 아니라 대숲 마을을 빠져나온 저녁연기들이

낮게 낮게 깔리는 그러한 들판이었다

시냇물이 좔좔 흐르고 몇 개의 징검돌이 놓이고

벌떡벌떡 살아 뜀뛰는 어린 날처럼

물방개라도 만나보고 싶은 곳이다

이틀이나 사흘쯤 낯선 곳 낯선 풍경을 달리다 보면

이리도 흙 냄새 그리운 거

징검돌 하나라도 이리 마음속에 떠오르는 거

아아 문둥이 장돌뱅이처럼 내 가슴에 닳아지는 얼굴들

지금쯤 흙담집 앞 뒤란을 캄캄하게 겨울눈이 내리고

햇빛이 맑은 아침나절은 앞마당

참새 발자국도 깡죽거리겠다

구석진 골목길 왕거무가 집을 짓다 말고

따뜻이 등을 기대이겠다

멀리 보리밭 들판을 청둥오리 떼 날아 내리고

보리 싹 밀 싹 파먹느라

또 남녘 벌 끝 시끄럽겠다

— 송수권, 〈정든 땅 정든 언덕 위에〉(전문)

시적화자는 "베르디가 노래한 아침 태양"이 내리쬐고 "거대한 성곽"에서 종소리와 나팔소리가 울리는 "남부 이탈리아 롬바르디아 평원"에는 "내 편히 쉴 곳 없음을 안다". 넓고 높고 빛나는 대평원은 "아무래도 내 깃들 수 있는 곳"이 아니라고 단언한다. 그가 마음을 누이고 싶은 곳은 15행부터 기술된다. 저녁연기가 낮게 깔리고 시냇물이 흐르고 징검돌이 놓인 흙담집 이어진 흙냄새 가득한 곳. 흑담집에 쌓이던 겨울 눈, 참새 발자국, 청둥오리 떼, 심지어 골목 구석의 거미줄까지도 정답게 되살아나는 "남녘 벌 끝"이 바로 그의 "정든 땅 정든 언덕"이다.

두 공간은 주체에게 경험되는 방식이 전혀 다르다. 우선 남부 이탈리아 대평원은 "지치도록 달리"면서 경험되는 낯선 풍경이다. 대개의 여행이란 관광지 이곳저곳을 차로 달리면서 경험하는 것이기 때문이다. 빠른 속도로 넓은 면적을 달리며 이국적인 들판을 감상하거나 역사 깊은 성곽을 감상하는 것이 바로 관광 여행이니 말이다. 다시 말해, 관광 모빌리티는 낯설고 새로운 감각을 주지만 그만큼 일회적이고 피상적이며 예외적인 경험을 돕는 이동이다.

하지만 '정든 땅'을 경험하는 방식은 이와 정반대이다. 고향을 경험하는 방식은 빠르게 달리는 방식이 아니다. 그 이동은 속도가 거의 없는 모빌리티다. 이 공간은 천천히 몸으로 경험되는 공간이다. 시냇물에 놓인 징검다리는 "건너간다"는 이동 행위로만 경험되는 것이 아니라, 구체적인 징검돌의 생김새를 관찰하고 손으로 만져 보는 감촉이 쌓여 구성되는 경험이다. 이런 경험들은 소중한 추억이 되어 우리의 마음을 채운다. 이탈리아의 대평원은 "이틀이나 사흘쯤 … 달리다 보면"서 경험하는 공간이지만, 고향의 보리밭은 청둥오리 떼가 보리 싹 밀 싹 파먹는 것을 오래도록 정겹게 구경하는, 즉 멈춰서 경험하는 공간이다.

결국 이 시는 여행지와 고향을 이동과 정지라는 극단적 두 모빌리티 상황과 매개해 구성함으로써, 각각의 공간 경험이 주체의 내면에 어떠한 작용을 하는지를 잘 보여 준다. 우리의 구체적인 경험이 깃든 공간은 그 어느 곳과도 바꿀 수 없는 주관적인 장소가 된다. 이푸 투안은 '공간'은 자유를 상징하며 개방되어 있지만, 개방되어 있지 않고 인간화된 공간인 '장소'는 기존의 가치들이 내재된 평온한 중심지라고 했다. 열려 있는 공간에는 고착된 인간화된 개념이 없기 때문에, 그곳은 한편으로 자유롭기도 하지만 동시에 불안한 곳이기도 하다. 송수권의 시 〈정든 땅 정든 언덕 위에〉에 재현된 이탈리아 대평원처럼, 여행지 혹은 모험지는 넓고 광활하고 근사하지만 낯설고 생경하여 마음을 기대기가 어렵다. 반면에 안정적인 거주지로 대표되는 고향은 애착의 장소이기 때문에 따뜻한 유대감이 가득한 곳이다. 그래서, 투안의 용어를 빌리자면, '공간'에서는 빠르고 넓은 스케일의 이동이 일어나지만, '장소'에서는 느린 이동이나 멈춤이 일어난다.

송수권 시인의 시집 《산문에 기대어》에는 이 두 시 외에도 애착의 장소에 멈춰 서서 내면을 치유하는 시편들이 많다. 〈우리나라의 숲과 새들〉이나 〈우리나라 풀 이름 외기〉 같은 시에서는 소쩍새, 쏙독새, 찌르레기새, 물레새 등 우리나라 숲에서 만날 수 있는 여러 텃새, 잡새, 들새, 산새의 이름을 부르기도 하고 쇠뜨기풀, 진드기풀, 말똥가리풀, 여우각시풀, 쑥부쟁이, 엉겅퀴, 달개비, 개망초 등 수많은 풀들의 이름을 불러 준다. 가까이에 있는 것들을 천천히 음미하면서 다정하게 이름을 불러 주는 이 행위는, 고향으로 대표되는 재생의 공간이 어떤 방식으로 경험되는지를 잘 보여 준다. 많은 사람들이 사회구조 변동에 따른 이촌향도 모빌리티를 경험하며 도시라는 공간에서 소외를 겪었음을 환기했을 때, 같은 시기 송수권이 그린 회복과 재생의 장소가 갖는 힘은 더욱 따뜻하게 빛난다.

〉〉〉 더 찾아보기

■ 송수권, 《산문에 기대어》, 문학사상사, 1980.
■ 이성부, 《우리들의 양식》, 민음사, 1995.
■ 이 푸 투안, 《공간과 장소》, 윤영호·김미선 옮김, 사이, 2020.

3장

1980년대 도시 모빌리티와
노동시

산업화 시기
노동시

노동시는 노동자가 겪는 불합리와 소외 문제를 그리며, 시적 언어를 통해 민중적인 가치의 회복을 희망하는 메시지를 담은 일련의 민중시를 이른다. 1960년대부터 급속한 산업화가 진행되면서 우리나라에도 산업노동자 수가 급증했다. 종래에는 농토를 중심으로 정주하는 농업 종사자가 많았지만, 산업화 시기를 거치면서 도시 임금노동자의 비율이 크게 늘어난 것이다. 이 같은 급격한 생활양식의 변화는 여러 가지 문제점을 낳기도 했다. 인구가 도시로 집중되는 속도에 비해, 많은 인구를 수용할 도시 인프라를 갖추는 속도는 느렸기 때문이다. 따라서 이 과정에서 주거, 교통 등 여러 생활 문제가 야기되었다. 또한, 우리나라의 산업화는 결과물만을 중시하는 속도전 양상으로 진행되었기 때문에 여러 노동문제를 낳았다. 이에 따라 1970~80년대에는 노동문제가 중요한 사회문제로 대두될 수밖에 없었고, 이에 대한 문학적 반응도 다양하게 분출되었다.

1960년대 말부터 문학장場에 새롭게 나타나기 시작한 민중시는 민중적인 것의 가치를 지향하는 일련의 시적 흐름을 지칭하는데, 1970년대 이후 산업화와 도시화가 낳은 새로운 문제들이 심화되면서 민중문학 안에서 민중의 여러 문제 중에서도 노동문제에 천착한 시적 흐름이 등장했다. 특히 1980년대 들어 주목할 만한 흐름은, 노동자 시인이 본격적으로 출현했다는 점이다. 실제 노동 현장에서 일하며 겪은 생생한 체험을 바탕으로 새로운 문학 세계를 펼친 시인들이었다.

이 시기 가장 대표적인 노동시인은 박노해이다. 박노해는 1980년에 처음 시를 발표한 뒤 1984년에 《노동의 새벽》이라는 시집을 출간했다. 생생한 노동의 경험에서 출발한 그의 시적 언어는 1980년대 시단에 적잖은 충격을 주었다. 당시 박노해는 '노동 해방'을 상징하는 필명으로만 활동하고 문단에 실제 모습을 드러내지 않아 '얼굴 없는 시인'으로 불렸는데, 시집이 금서로 지정되었음에도 큰 화제를 불러일으켰고 그 덕에 더 많은 사람들이 노동문제에 관심을 갖게 되었다. 예컨대, "긴 공장의 밤/ 시린 어깨 위로/ 피로가 한파처럼 몰려온다"라는 구절로 시작하는 시 〈시다의 꿈〉에서는 열악한 환경 속에서 철야 근무를 하는 어린 피복 노동자의 삶이 구체적으로 그려진다. 이 시기 활동한 노동시인으로는 박노해 외에도 백무산, 최명자, 김해화, 박영근 등이 있다.

도시로 이주한 산업노동자들은 도시 인프라의 공백이 빚어내는 여러 문제 중 모빌리티 문제도 고스란히 겪여야 했기 때문에, 이 현실이 당시 노동시에도 그대로 재현되어 있다. 따라서 산업화 시대의 노동문제도 모빌리티 렌즈로 들여다보면 더 구체적으로 의미화할 수 있다. 도시로 이주한 노동자들은 일상 차원에서 도시 모빌리티 인프라에서 소외되었을 뿐만 아니라, 자유로이 이동할 수 없는 노동환경에 놓인 경우도 많았다. 조선소나 제철소 등 중공업단지에서 일하는 노동자들은 물론이고, 3교대로 순환하며 일했던 광산노동자, 기숙사 방 한 칸에 몸을 누이고 쪽잠을 자야 했던 피복 노동자 등 노동자들은 각자의 노동환경에서 모두 일종의 임모빌리티 Immobility 상태를 경험했다.

최명자 시
깊이 읽기

| 작가 소개 |

이 시기에 등장한 노동자 시인들 중에는 전문적으로 시나 소설을 쓰는 방법을 배운 적이 없을 뿐만 아니라 문학을 접한 경험조차 없는 사람들이 많았다. 하지만 노동시인들은 그들만의 정직한 언어로 직접 경험한 세계를 형상화해 많은 독자들에게 감동을 주었다. 노동자로서 경험하는 노동과 삶의 풍경을 시적 언어로 그려 내는 작업은, 우리 문학의 장을 더욱 넓히는 동시에 당대 노동문제에 대한 사회적 관심을 환기했다.

최명자 시인은 버스 안내양 출신 노동시인이다. 1957년 강원도 화천에서 출생하고 1970년에 화천 광덕국민학교를 졸업했으나, 졸업 이후에는 집에서 농사를 지으며 가사를 돌보았다고 한다. 이후

1980년 서울 시외에서 버스 안내양으로 입사했다가, 83년 건강 악화로 퇴사한다. 1985년 풀빛출판사에서 펴낸 시집《우리들 소원》에는 특히 버스 안내양 노동자로서 겪은 여러 노동문제와 소외가 특유의 단단한 언어로 잘 드러나 있다. 풀빛출판사는 이 시집을 "사회의 맨 밑바닥에서 무시되고 경멸받으며 사는 한 안내양의 사랑과 분노의 외침"이라고 소개했다. 제대로 된 휴식 시간도 없이 연이어 초과근무를 할 수밖에 없는 척박한 노동환경, 버스 승객과의 실랑이에서 겪어야 했던 모멸감, 상경할 때 가졌던 꿈과 희망을 달성하는 것이 불가능하다는 좌절감 등이 꾸밈없는 직설적인 언어로 쓰여 있다. 최명자의 시를 통해 산업화 시기 모빌리티 노동자의 정동, 그리고 여성 노동자가 겪었던 이중의 착취 구조를 읽어 낼 수 있다.

| 시 읽기 |

모빌리티 노동

1960년대 이후 산업화가 본격화되고 도시로 인구이동이 집중되자, 인구의 매끄러운 이동 문제가 긴요해졌다. 1961년 「자동차운수사업법」 제정으로 운수사업이 본격화되면서 전차에 상당 부분 의존했던 서울 대중교통체계가 변화하게 된다. 1966년 서울시가 직접 운영하는 시영버스가 등장했고, 1970년대에는 서울시 버스 체계가 전면 개편되면서 급행버스, 시내버스, 시영버스 등 다양한 버스노선이 구축되고 차량 대수도 큰 폭으로 늘어났다. 서울시 버스는 1961년부터 '버스 여女차장'을 모집하기 시작했다. 버스요금을 징수하고, 승객을 관리하고, 회차 후 차량 청소를 하는 등 버스라는 모빌리티 장치가 도시를 원활하게 순환하는 데 필요한 온갖 문제를 처리하는 것이 모두 버스 안내양의 업무였다고 해도 과언이 아니다.

서울 시내 정류장 사이사이를 빠르게 이동하는 버스는 도시를 가로지르는 모빌리티의 상징이지만, 종일 그 버스 안에 타고 있는 버스 안내양은 이동하는 자라기보다 이동하지 못하는 자라고 설명하는 편이 더 적절하다. 안내양은 종일 두 발로 지탱하고 서 있기도 힘들 만큼 비좁은 공간에 붙박여 있다는 점에서 그 노동은 모빌리티라기보다는 임모빌리티의 경험에 가깝기 때문이다. 특히 당시 서울은 대중교통 인프라 형성 속도보다 인구 증가 속도가 훨씬 빨랐기 때문에, 출퇴근 시간이면 항상 사람이 미어터지는 '만원버스'일 수밖에 없었다. 안내양은 한 사람이라도 더 태우기 위해 승객들을 버스에 밀어넣는 '푸시맨' 역할도 겸해, 자신은 발 디딜 틈도 마땅치 않아 버스에 간신히 매달려 정류장 사이를 이동하기도 했다.

안내양의 입장에서 보면, 버스를 이용하는 다양한 승객은 노동에 필수구성적이지만 언제나 잠재적인 형태로 존재한다는 특징이 있다. 다시 말해서, 사실상 임모빌리티immobility 상태에 처한 버스 안내양의 모빌리티mobility 노동에는 군중mob이 반드시 매개된다. 군중은 언제나 승객이 될 수 있고 안 될 수도 있으며, 일단 버스에 탄 승객 또한 무엇으로 고정되거나 환원될 수 없이 언제나 임의적이고 일시적인 군중이다. 게다가 안내양의 노동이 수행되는 공간 자체도 가변적이다. 그의 노동 공간은 구체적이고 물리적인 개별 버스 한 대의 공간으로 환원될 수 없다. 도시경관은 버스가 이동하는 배경이 되지만, 동시에 버스 자체가 도시경관에 참여하는 수행자이기도 하다. 그런 점에서 안내양의 노동은 매 정류장마다 문을 열고 버스 밖으로 내려섰다가 다시 버스 안으로 올라서서 문을 닫는 동작의 반복으로 구성되므로, 특정한 순간의 장소감이 그들의 노동을 구성한다.

최명자의 시집에도 자신의 복합적인 노동자성에 대한 인식이 드러난 시가 여러 편 있는데, 산업화 시대 노동자 문제 일반을 자신의 문제로 받아들이다가도 다른 노동자들과의 위계를 상상하며 운수노동자로서의 자기 정체성을 구성하는 모습이 잘 드러난다. 두 편의 시를 차례로 살펴보자.

보신이가 나의 잔인한 말장난에
일년을 희롱당해 살다가
복중에 보신탕 집으로 팔려갔듯이
근로자인 나도 유일한 단 하나의
노동력을 잃어버리면

산업찌꺼기처럼 골치 아프다는

쓰레기 대우 안 받으려나 걱정이 된다

— 최명자, 〈보신이〉(부분)

천하에 무식하고 제 형제 핏줄도 모르는

노동자 농민 쌍놈의 자식들아

어차피 너나 나나 종살이

없는 살림 힘에 겨운데

서로 돕고 밀어주지는 못할망정

꼴에 꼴같지 않은 것들이 사람 무시하는 것만 배워

차장 무시하고 반말 지껄이고 내려다보는 이유가 무엇이냐!

— 최명자, 〈내친 김에 쏟아놓으리니〉(부분)

먼저 인용한 〈보신이〉는 '보신이'라는 이름으로 불리던 고향집 강아지의 운명에 노동자의 운명을 빗대어 쓴 시이다. '쓸모'가 사라지면 냉정하게 버려지는 보신이의 운명처럼, 자신도 언젠가 "산업찌꺼기처럼" 취급되며 "쓰레기 대우"를 받을까 봐 걱정이 된다는 것이다. 버스 안내양뿐만 아니라 산업화 시기 대부분의 노동자들은 대체로 단순노동에 종사하는 것이 일반적이었다. 당시에는 산업구조 자체가 인력에 기대는 방식으로 구성되었기 때문에 기술집약적이라기보다는 노동집약적이었다. 숙련자가 아니더라도 일단 노동력이 많이 투입되면 문제없이 작동할 수 있는 섬유 · 의류업, 단순 제조업 등이 대표적이다. 이런 산업에서의 단순노동은 대체할 수 있는 노동 인력이 얼마든지 있었기 때문에 노동자들의 노동환경이 나아지기가 힘들었다. 즉, 이 시는 인간의 존엄성이나 노동자로서의 권리는 사라지고 '노동력'만으로 환원되고 소외되는 산업화 시기 노동자의 자기 인식을 잘 보여 준다.

두 번째 시〈내친 김에 쏟아놓으려니〉는 이중의 박탈을 경험하는 운수 노동자의 자기 인식이 드러난 시이다. 버스에 올라타는 승객들을 "노동자 농민 쌍놈의 자식들아"라고 호명하면서 "너나 나나 종살이"를 하는 것은 마찬가지인데 왜 버스 차장을 "무시하고 반말 지껄이고 내려다보는" 것이냐고 묻는 내용이다. 특히 버스 안내양은 어린 여성이 대부분이었기 때문에 사회적 차별을 온몸으로 경험하기 일쑤였다.

이들은 (여)학생과 (여성)노동자의 분할이 만들어 내는 사회적 위계 속에서 미끄러지는 동시에, (일반)노동자와 (운수)노동자의 분할 속에서 드러나는 또 하나의 위계를 경험하며 서발턴subaltern(하층계급)의 지위를 확인해야 했다. 이들은 때로 상냥하고 씩씩한 청춘이었지만, 때로는 힘없이 짓밟힌 노동자였으며, 때로는 천역덕스러운 '삥땅' 공모자였다가, 때로는 부당함에 저항하는 농성자가 되었다. 요컨대 도시와 시골, 인텔리와 무학자, 부녀자와 아가씨, 남성과 여

1973년 고속버스 안내 요원 ※출처: 행정안전부 《기록으로 만나는 대한민국》

성, 교양과 비교양, 자본가와 임금노동자 등 다양한 분할선을 가로
지르며 매 순간 새로이 드러나는 동시에 사라지는 정동적 주체 형상
이었다고 할 수 있다. 이러한 역설은 안내양이 임모빌리티 노동을
통해 도시 모빌리티를 작동시키고 있었다는 점에서도 이미 상징적
으로 드러난다.

　안내양은 강도 높은 노동환경에서 불시에 감시받고 수색당하는
신체였고, 정당하게 점유할 수 있는 공간이 없는 신체였다는 점에서
도시 순환 인프라의 부족한 구멍을 매우는 존재인 동시에 그 자체로
하나의 구멍을 상징하는 형상이었다. 불특정 다수의 승객은 물론이
고 운전수 및 감독관과의 불규칙한 갈등에 대처해야 했고, 당대 사
회의 교양 담론이 부과하는 자기 통치의 압력도 내면화해야 했던 현
실은 버스 안내양의 정동을 잘 보여 준다.

노동시 쓰기의 수행성

이처럼 자신의 노동 경험을 정직한 언어로 써 내려간 최명자의 시는 글쓰기라는 활동이 가진 의미에 대해서도 많은 것을 생각하게 한다. 시인은 〈작가의 말〉에서 이렇게 말한다.

우리는 가장 소박하고 진실한 마음가짐으로 일터와 숙소에서 주변 환경 속에서 수시로 일어나는 작은 일들의 의미를 한 줄의 시 속에 담아 먼저 나 자신과 만나고 동료의 마음을 읽어 이해와 사랑 속에 머물고자 했다. 지금껏 남들이 써놓은 글들을 읽어보았으나 대부분이 나와는 너무나 먼 이야기들이기에 읽어도 모르겠고 우리의 환경에 어울리지도 않아 먼저 우리들의 이야기부터 시작해보아야겠다는 생각이었다. …

시를 쓰기 위해서라기보다는 응어리져 있던 속엣말을 토해보고 싶었다. 동료들의 분노와 욕설을 나열해보고 그것을 분노를 터뜨렸던 동료에게 보여주었다. 동료들은 박장대소를 하기도 하고 짝짝 그어버리고는 자기들이 다시 고쳐 써서 보여주기도 했다. 횟수가 거듭될수록 참가하는 사람이 늘었다. 너나없이 글이란 게 별 게 아니고 우리도 쓸 수 있다는 자신감을 갖게 되었고, 글쓰기에 흥미를 느끼는 동료들이 늘어났다. 말못하는 고민을 글로 써서 돌려보며 서로를 이해하게 되었다. 그렇게 되자 시간이 없어서 이야기를 나눌 수 없다던 사람들도 서로를 이해할 수 있었고, 같은 사회구조 속에서 함께 고통받는

처지라는 것을 인식하게 되어 문제를 해결하기 위해서는 서로가 단
결해야 한다는 사실을 깨닫게 되었다.

— 최명자, 〈작가의 말〉

　　요컨대 시쓰기를 통해 자기 자신을 이해하고 주위의 동료를 이해
하고, 나아가 세계(의 문제)를 이해하게 된다. 생활과 동떨어진 어려
운 글을 읽다 보니 "먼저 우리들의 이야기부터 시작해보아야겠다는
생각"이 들었다는 고백, 그리고 글쓰기를 통해 "서로를 이해하게 되
었다"는 고백은, 노동자 글쓰기가 가진 수행적 힘이 무엇인지를 잘
보여 준다.
　　급격한 산업화가 낳은 억압과 부조리를 대표하는 노동문제를 그
문제의 당사자인 노동자가 직접 말하는 것은 그 자체로도 큰 정치적
의미를 갖는다. 게다가 그 발언을 문학의 형식으로 발표했을 때, 그
것은 노동자의 당사자성을 언어로 재현한다는 의미를 넘어 문학이
라는 제도 자체에 대한 근본적 질문을 던지게 된다. 문학이라는 주
류 제도 안에서 통용되던 관습적 특권들, 예컨대 등단 제도나 출판
관행, 문학이론이라는 담론과 비평 제도 등이 노동자의 글쓰기 앞에
서는 모두 의문에 붙여지기 때문이다. 우리는 노동자 글쓰기를 통
해 보편적 담론으로서의 문학이 아니라 개별적이고 구체적인 실천
으로서의 문학을 만나게 된다. 인용문에서도 확인할 수 있듯이, 노
동시인들은 글쓰기를 통해 자신을 구성하는 동시에 확인하고 새로

운 공동체를 구성하는 동시에 확인했다는 점에서, 문학의 정치성을 가장 빛나게 보여 주는 실천이었다 하겠다.

백무산 시
깊이 읽기

| 작가 소개 |

백무산은 1955년 경북 영천에서 태어났다. 1974년 현대중공업에 입사해 노동자로 일하다가, 1984년《민중시》에 시를 발표하며 등단했다. 1988년에 첫 시집《만국의 노동자여》를 출간했고, 이후《동트는 미포만의 새벽을 딛고》(1990),《인간의 시간》(1996),《길은 광야의 것이다》(1999),《초심》(2003),《길 밖의 길》(2004),《거대한 일상》(2008),《그 모든 가장자리》(2012),《그대 없이 저녁은 오고》(2014),《폐허를 인양하다》(2015),《이렇게 한심한 시절의 아침에》(2020) 등의 시집을 발표했다. 이산문학상, 만해문학상, 오장환문학상, 대산문학상, 백석문학상 등을 받았다.

백무산은 노동 현실의 모순과 부조리를 시적 언어로 표현한 대표적인 노동시인이다. 특히 공업단지에 발이 묶인 채 노동에 종사하는 남성 중공업 노동자의 현실을 날카로운 언어로 보여 주었다. 2000년대 이후에도 꾸준히 작품을 발표하며 부단한 시적 갱신을 보여 주고 있다. 시인은 2020년에 발표한 시집《이렇게 한심한 시절의 아침에》의〈시인의 말〉에서 "그때나 지금이나 내가 있는 곳은 변방"이라고 말했다. 이는 처음 노동시를 쓰기 시작한 1980년대부터 오늘날까지 시인이 온몸으로 밀고 가는 시 정신이 무엇인지를 가늠하게 한다. 노동문제뿐만 아니라 현대사회에 대한 근원적 질문을 함께 던지고 있는 시인이다.

| 시 읽기 |

임모빌리티 노동

> 하나 둘 야근조들이 돌아갈 누진 이부자리를 위해
> 옷 먼지를 터는 동안 우리는 쇠먼지 바닥에 자리를 폈다
> 조립공장 사이에는 좋은 날씨에도 회오리 바람이 휘감겨
> 죽은 인부들이 떠나지 못하고 떠도는 곳이라 했다
> 싸늘하게 식은 철판들이 괴성을 지르다가
> 굳어 박제된 화석처럼 버티고 선 자리에

우리는 거적을 깔고 풀어진 몸을 말았다

태고처럼 고요한 쇳덩이의 깊은 밤에 빨려들었다

지나쳐야 하는 공장문 아치에 속지 않고

그들의 현수막 구호 뒤에서 잠들었다

공장의 깊은 밤은 그래도 평화롭다

간간이 철야조들의 망치소리만 개 짖는 소리처럼 고요하고

내려앉는 먼지를 눈송이처럼 바라보면서

착한 쇳덩이의 깊은 잠에 한없이 빨려들었다

순하디순한 쇳덩어리들

아침이면 칼이 되고 쇠몽둥이가 되어

우리를 짓이기고 가난의 무게로 등짐에 지워져

배고픔 때문에 우리는 못난 꿈을 꾸고

그 희망 때문에 벙어리를 자처하여

돌보지 않은 우리 몸은 갉아 먹혔다

이곳이 아라비아 땅인지 모르는 이들

또 아라비아 사막으로 떠나고

신기루 같은 월급봉투에 입 닫고 눈 가리고 멱살 잡히고

멀리 파도소리에 우리가 깨어

방파제를 깨어부수는 파도소리에 흔들리며

칼이 될 쇠몽둥이가 될 싸늘한 쇳덩이를 베고 눕는다

— 백무산, 〈지옥선 1 – 조선소〉(전문)

백무산 시인의 첫 시집《만국의 노동자여》에 수록된 '지옥선' 연작시 중 첫 번째 시다. 이 연작시는 조선소 노동의 현실을 '지옥선'이라는 제목 아래 날카롭게 그려 내었다. 시 속에서 노동자들은 마치 감옥에 갇힌 듯 조선소 노동 현장에 갇혀 있는 모습으로 묘사된다. 조선업은 노동 특성상 일정 기간 동안 배 안에서 생활하며 작업하기 때문에 "쇠먼지 바닥에 자리를 펴고" "철야조의 망치소리"를 들으며 잠을 자는 것으로 그려진다. "가난의 무게", "못난 꿈", "벙어리" 등의 시어를 통해 희망을 품을 여유도 없이 노동 현장에서 "갉아 먹히"는 조선업 노동자의 현실이 아프게 다가온다.

　　조선산업은 제3차 경제개발5개년계획(1972~1976)에서 수출전략 사업으로 지정되며 1970년대에 급속하게 성장 발전했다. 현대조선중공업은 울산에 단일 조선소로는 세계 최대 규모의 조선소를 지어 운영했다. 1980년에 삼성중공업, 1981년에 대우조선도 각각 조선사업에 뛰어들어 경쟁적으로 수주 실적을 올리고 1980년대 수출시장을 키워 갔다. 조선소가 들어선 울산이나 거제는 대규모 제철 공장과도 가까운 입지였기에 급속한 발전이 가능한 이점도 있었다. 하지만 숫자와 통계로 구성되는 산업 지표만으로는 그 안에서 실제 산업 환경을 구성하는 노동자들의 경험을 읽어 낼 수 없다. 그런 점에서 백무산의 '지옥선' 연작시는 단기간에 세계적 규모로 성장한 우리나라 조선사업의 화려한 축포 뒤에 숨겨진 어두운 노동 현실을 생생하게 드러내는 역할을 한다.

1974년 현대조선중공업 유조선 진수(왼쪽), 1978년 대우중공업 옥포조선소 건설 현장 ※ 출처: 국가기록
포털

　조선소 노동자들이 경험하는 좌절감은 자유롭게 이동하지 못하는 임모빌리티 상황을 통해 전개된다. 인용시 5행에 나오는 "굳어박제된 화석"이라는 표현은 이들의 임모빌리티를 효과적으로 이미지화한다. 이는 일정 기간 동안 노동 현장을 떠날 수 없는 노동자들의 '물리적 임모빌리티' 상황을 의미하는 동시에, 가난에서 벗어나거나 계층을 이동할 전망이 없는 '사회적 임모빌리티' 상황을 의미한다. 더 나아가, 작업 현장은 "죽은 인부들"도 떠나지 못하고 머무르는 곳으로 그려진다. 시의 제목이기도 한 '지옥선'은 노동자들의 과거와 현재, 미래를 모두 옭아매는 처참한 노동 현실을 임모빌리티 이미지를 통해 폭로한다.

임시적 정체성

공사장을 떠돌아 예까지 묻어 왔다

망치며 몽키를 내던지고

때절은 면장갑으로 어깨를 덥썩 껴안으며

여태껏 내 이름 잊지 않고

니, 돌이 아이가, 돌이 맞제

거듭 내 이름을 부르던

어릴 적 개고개 마을 깜뿌기 녀석

새 공책을 살 때쯤엔

지우개로 죄다 지워서 쓰고

어둔 길, 빡빡머리에도 김이 오른 새벽

신문배달 길에서도 마주치더니

중학교를 못다 졸업하고

무슨 탈곡기 공장엘 갔다더니

공사장에서 이렇게 만날 줄이야

조용히 나를 지켜주기만 하던 고향 같은 녀석

벌써 부르르 떨어쌓는 막걸리잔 잡은 손에

불거져나온 핏줄을 바라보면

이렇게 아픈 그리움도 있는 것인가

니, 고향에 언제 가봤더노

강가에도 가봤더나, 강이 말라뿟제?

그래, 이제는 고인 물마다 백태 낀 하늘만 그득하더라

그래, 우리의 흐르던 꿈들이 갈라터진 지 오래더라

새삼 낡은 기억의 슬픔이 일었지만

마지막 우리가 팔아서 밥 바꿔야 할

그 팔뚝은 겨우 서른 나이에 벌써

덜덜 떨어쌓는데

살아온 얘기를 해서 무엇에 쓰겠는가

이제는 우리의 고향도 포기할 때

그 강의 꿈도 지워야 할 때인데

아직도 종달새 울음소리 그립다는 친구야

언젠가 우리들 세상, 고향 뒷산 메아리처럼

간 만큼 되돌아오는 세상

그런 세상 만드는 일이 그리움이며

우리의 진정한 고향이 될 것이네

고향 같은 내 친구야

우리 언제 날잡아 어깨동무하고

고향에 한번 가보제이

고향에 한번 가보제이

— 백무산, 〈공사장에서 만난 고향친구〉(전문)

두 번째로 읽어 볼 시는 〈공사장에서 만난 고향 친구〉이다. 시적 화자는 일하러 간 공사장에서 우연히 어린 시절의 고향 친구를 만난다. 나와 친구는 과거 고향에서 함께 어린 시절을 보낸 사이로, 공사장에서 일용직 노동자가 되어 재회한 것이다. 두 사람은 어린 시절에도 경제적으로 풍유롭지 못했다. 지우개로 지워 다시 쓰던 공책이 이들의 상황을 잘 보여 준다. 어린 나이에 생계를 위해 나섰던 "신문배달 길", "탈곡기 공장"에 이어 현재의 배경이 되는 "공사장"은 시적 인물들의 어려운 상황을 보여 주는 장소로, 모두 이들에게는 의미 있는 장소가 되지 못한다. 1행에 명시된 대로 이들의 노동 장소는 떠돌며 묻어 온 곳이므로 유의미한 로컬 정체성을 형성해 주지 못했다. 임시적이고 척박한 노동 현실 속에서 의미 있는 장소 경험을 할 수 없었던 것이다.

　그래서 이들에게 유일하게 의미화되는 공간은 고향이다. 고향은 "조용히 나를 지켜주는" 장소로 등장한다. 하지만 이때 고향은 따뜻하고 넉넉한 곳이 아니라 "아픈 그리움"으로만 채워진다. 물이 말라 버린 고향의 강가는, 그 시절 "우리의 흐르던 꿈들"도 "갈라터져" 버렸다는 사실과 공명한다. 그래서 2연에 쓰인 대로, 시적화자는 "이제는 우리의 고향도 포기할 때", "그 강의 꿈도 지워야 할 때"라는 자각을 하게 된다. 소속감과 유대감을 제공하는 유의미한 장소로서의 고향은, 당장의 생계를 유지하기 급급한 이들에게는 아득히 멀기만 한 곳이다. "고향 친구"를 "고향"에서 만났다면 이들은 행복했던 시절의 기억을 되살리며 의미 있는 장소 경험을 했을지도 모른다. 긴 타지 생활로 고단해진 자신을 추스르고 회복했을지도 모른다. 그러나 시적 상황은 그렇지 못하다. 제목에도 명시된 것처럼 이들은 "공사장에서 만난 고향친구"이기 때문에 이 재회의 경험은 오히려 비극성을 불러일으킨다.

공사장은 나와 동화될 수 없는 공간이다. 공사장은 미완성의 공간이며, 임시적인 공간이며, 가변적인 공간이다. 건축물이 완성되면 '공사장'이라는 공간 상태는 소멸되기 때문이다. 이 같은 장소의 임시성은 건설노동자의 자기 정체성에도 영향을 미쳐 임시적이고 가변적이고 불안한 정체성을 형성하게 한다. "언제 날 잡아 어깨동무하고 고향에 한번 가보제이"라고 했던 그들의 약속은 실행될 수 있을까? 덜덜 떠는 손으로 막걸리 잔을 주고받으며 그들이 술과 함께 애써 삼킨 것은 무엇일까? 극복하기 어려운 빈곤, 당장 고향에 갈 수 없다는 자각이 아니었을까. 결국 모빌리티 불능 상태에 대한 자각은 노동자의 자기 정체성을 비극적으로 구성한다.

>>> 더 찾아보기

- 김나현, 〈모빌리티 노동의 정동: 도시 모빌리티와 1970~80년대 '버스 안내양'의 정동〉, 《사이間SAI》 33, 국제한국문학문화학회, 2023.
- 백무산, 《만국의 노동자여》, 청사, 1988.
- 부산대학교 한국민족문화연구소, 《장소경험과 로컬 정체성》, 소명출판, 2013.
- 최명자, 《우리들 소원》, 풀빛, 1985.
- 하가르 코테프, 《이동과 자유》, 장용준 옮김, 앨피, 2022.

4장

길 잃은 자의 시,
길 찾는 자의 시

1990년대 도시 문명과 시 쓰기

1990년대는 대중문화가 꽃피던 시기다. 앞서 살펴봤던 민중시나 노동시에서 다루는 쟁점은 언제나 '민중' 혹은 '민중적인 것'이라는 이념과 관련된 것이었지만, 1990년대에 오면 키워드는 '민중'에서 '대중'으로 옮아 간다. 공동체적 이념이나 도덕적 당위 같은 관념적 지향성은 옅어지고, 소비자로서 감각되는 대중이 사회를 구성하고 있음이 실감된 시기다. 1990년대부터는 대중음악, 영화, 드라마, 광고, 스포츠 등 다양한 영역에서 대중문화가 본격적으로 번성했다. 1960년대부터 빠른 속도로 이어져 온 경제발전의 성과가 이 시기부터 가시화되어 경제적 풍요에 따라 문화도 발전했다. 그러다 보니 자본주의적 가치, 즉 상품성이야말로 지상 최고의 가치가 되었고, 대중문화 역시 그 무엇보다 자본이 지배하는 것이 되었다. 화려하고 감각적인 대중음악, 영화, 드라마, 광고 등은 사람들을 사로잡았고, 소비자본주의가 내면화되면서 도시는 소비의 욕망이 활동하는 무대가 되었다.

겉으로 보기에 화려하고 활기찬 도시에서의 삶이 실상은 자본의 논리에 포획된 삶이라는 점을 빠르게 간파한 것은 문학이었다. 1980년대 말부터 여러 작가들이 대중매체, 특히 텔레비전이 보여 주는 욕망의 시각화 문제, 지나친 상품화 문제에 주목하면서 시대적 가치에 대한 질문을 던졌다. 이 문제를 형상화한 대표적인 시인으로는 유하, 장정일, 최승호, 하재봉, 함민복 등을 들 수 있다.

특히 모빌리티 렌즈로 이들의 시를 들여다보면, 이들이 시 속에서 장소 경험을 어떻게 형상화하고 있는지, 이와 더불어 장소와 장소 사이 이동 문제를 어떻게 그리고 있는지가 새롭게 눈에 들어온다. 주체의 자기 인식이 사회적으로 구성되는 것이라고 할 때, 그 사회적 구성의 구체적 수행은 이동을 둘러싸고 벌어진다. 주체가 머무는 공간의 특성이 무엇인지, 그에게 허락된 장소가 어디인지, 반대로 허락되지 않은 장소는 어디인지가 중요하다. 그런데 이에 못지 않게 중요한 것이 장소와 장소 사이를 어떻게 이동하는가 하는 문제이다. 어떤 경로로, 어떤 속도로, 어떤 방법으로 이동하는가, 혹은 이동하지 못하는가에 따라 주체는 자기 인식을 달리 구성하게 된다. 다시 말해, 사회적 존재로서 우리의 정체성은 (임)모빌리티를 통해 구성되므로, 텍스트에 드러난 모빌리티 양상을 검토하면 텍스트가 그려 낸 주체와 세계의 관계를 엿볼 수 있다.

특히나 소비자본주의를 내면화한 1990년대 서울은 빠른 속도로 상징되는 자유로움의 공간이었지만, 그 안에서 각자가 경험하는 이동의 속도는 달랐고 이동의 수단과 방법도 달랐다. 같은 공간이더라도 누군가에는 욕망을 실현하는 장이었지만, 누군가에게는 억압의 장이었다. 그 가운데 주체가 느끼는 절망과 우울은 방황하고 헤매는 불규칙적 모빌리티로 드러나기도 한다. 하나의 이념이나 당위는 사라지고 다양한 상품들이 별처럼 빛나는 욕망의 시대. 길을 모색하고자 고군분투하는 이동성의 문제를 장정일과 유하의 시를 통해 검토해 보자.

장정일 시
깊이 읽기

| 작가 소개 |

장정일은 1962년 경북 달성에서 태어났다. 1984년에《언어의 세계》
3집에 시를 발표하며 등단했다. 1987년 동아일보 신춘문예에 희곡
이 당선되었고, 1988년《세계의 문학》에 소설을 발표하면서 소설가
로도 활동하기 시작했다. 시집으로는《햄버거에 대한 명상》(1987),
《길안에서의 택시잡기》(1988),《서울에서 보낸 3주일》(1998),《천국
에 못가는 이유》(1991),《눈 속의 구조대》(2019) 등이 있고, 소설로는
《아담이 눈뜰 때》(1990),《너에게 나를 보낸다》(1992),《너희가 재즈
를 믿느냐》(1994),《내게 거짓말을 해봐》(1997),《보트하우스》(1999),
《중국에서 온 편지》(1999) 등이 있다. 다양한 장르의 글을 왕성하게
발표하고 있다.

장정일은 하나의 장르만으로 설명할 수 없는 작가이다. 시는 물론이고 다양한 소설과 산문을 꾸준히 선보였기 때문이다. 여기에서는 1980년대 말에 발표된 그의 시 텍스트만 주목해 검토하고자 한다. 장정일은 전통적인 시 창작 작업과는 전혀 다른 새로운 시쓰기를 보여 준 전위적인 시인으로, 대중문화를 시적으로 수용한 실험적인 작품들을 많이 선보였다. 특히 시를 통해 자본주의가 낳은 사물화를 날카롭게 지적하고, 타락한 자본주의와 현대 도시 문명에 대한 환멸을 알레고리적인 방식으로 형상화한 작품 세계를 보여 주었다.

　알레고리는 도덕적 교훈을 전달하기 위한 관습화된 우화의 표현 형식으로 좁게 해석되기도 하지만, 장정일의 텍스트가 보여 주는 알레고리는 협소하고 고정된 수사법만은 아니다. 원래 알레고리allergory란 '다른'이라는 뜻의 '알로스allos'와 '말하다'라는 뜻이 '아고레우에인agoreuein'에서 유래된 그리스어 '알레고리아allegoria'를 옮긴 말이다. '다르게 말한다', 즉 표면적인 의미와 달리 숨겨진 의미가 있다는 것인데, 우리가 잘 알고 있는 은유metaphor도 이와 유사하다. 은유는 말하고자 하는 것을 다른 것에 빗대는 비유법이니 말이다. 그런데 고대 수사학자 퀸틸리아누스는 알레고리를 '연속된 은유'라고 설명한 바 있다. 요컨대 'A는 B이다'의 형태로 명사를 전환하는 것이 은유의 기본 형태라면, 알레고리는 'A는 B이고, B는 C이고, C는 D이고…'의 형태로 연속된 은유의 구조를 갖는 것이다. 따라서 알레고리에서는 의미의 계속적 이동mobility이 일어난다. 알레고리의 핵심은 완료되지 않는다는 것이다. '은유'를 통해 의미를 옮겨 가는 이동은 일어나지만, 그 이동이 끝내 종결되지 않기 때문에 의미가 고정적으로 확정되지 않고 일종의 맴도는 운동이 남게 되는 것, 이것이 알레고리의 수사학적 특징이다. 두 편의 시를 보자.

| 시 읽기

욕망의 전시장, 지하상가

공습같이 하늘의 피 같은 소낙비가 쏟아진다.
그러자 민방위 훈련하듯 우산 없는 행인들이
마구잡이로 뛰어 달리며 비 그칠 자리를 찾는다.
나는 오래 생각하며 마땅한 장소를 물색할 여유도 없이
가까운 지하도로 내려가 몇 분쯤 비를 피하기로 했다.
계단에서부터 달싹한 무드 음악이 내리깔리는 지하도
비 한 방울 스며들지 않는 지하도가 믿음직스럽다.
언젠가 그 날이 와서 몇 십만 메가톤의 중성자탄을 터트린
　다 해도
사십일간의 홍수가 다시 진다해도 끄덕하지 않을 지하도
나는 느릿하게 지하도의 끝과 끝을 거닌다.

검둥개라도 한 마리 끌고 다녔으면 그 참 멋진 산보일 것인데.

슬금슬금 윈도우를 훔쳐보는 나에게 어린 점원들이

들어와 구경하시라고도 하고 어떤 걸 찾으세요 묻기도 한다.

각종 의류며 생활용품 그리고 식당에서 화장실까지 거의
　완벽한 지하도

그러면 이런 공상을 해보기도 한다. 이곳에서 여자 만나

연애하고 아이 낳고 평생 여기 살 수도 있을 것이라고…

바깥에서 비가 그쳤는지 어떠한지 도무지 여기서는 알 수
　가 없다.

도무지 바깥의 기상을 알 수 없는 여기는 무덤인가

장신구며 말이며 몸종과 비단 옷감이며 씨앗 단지들

그 많은 부장품을 함께 매장한 여기는 고대인의 무덤인가

지하도의 끝에서 끝으로 한 번 더 걸으며 윈도우에 비친 얼
　굴을

쳐다본다. 창백해진 얼굴, 아아 내가 이 무덤의 주인인가?

그러고 보니 이번에는 아무 점원도 나를 불러 세우거나 묻
　지 않는다.

그래 나는 유령 이제는 비가 그쳤기도 하련만 지상으로 올
　라가기가 싫다

이렇게 할 일 없이 걷다가 방금 내려온 친한 친구라도 만나면

반갑게 악수하면서 모르는 지상의 이야기를 듣고 싶다

아니 감쪽같이 숨어 있고 싶다 사흘을 여기 숨었다가

계단을 밟고 집으로 돌아가 보는 재미도 괜찮으리라

전화도 전보도 없이 사흘간을 아무 연락 없이 잠적해 버리면

어머니는 얼마나 슬퍼하시련가 두 번이나 나를 체포하고 고
    문한

내가 가장 싫어하는 파출소 같은 데다 실종신고를 내시지
    는 않을까.

하지만 나는 유유히 돌아가리라 그리고 나는 부활했다

휘황찬란한 100촉 전구가 불 밝히고 늘어선 문명의 무덤을
    걷어차고

나는 솟아올랐다! 들어라, 나는 재림예수라고 소리치면

사람들이 믿을 것이다 안 믿을 것이다 아마 믿을 수밖에 없
    을 것이다

안 믿을 수밖에 없을 것이다 아아 믿거나 말거나

비를 피해 나는 지하도로 숨은 적이 있는 것이다

— 장정일, 〈지하도로 숨다〉(전문)

장정일 시인의 초기 시 세계를 잘 보여 주는 작품으로, 그의 첫 시집 《햄버거에 대한 명상》에 실린 〈지하도로 숨다〉이다. 드러난 시적 정황은 단순하다. 시적화자는 갑자기 쏟아진 소나기에 비를 피

하려고 지하도로 들어간다. 소나기가 "공습같이 쏟아진다"는 표현이나 비에 놀라 뛰는 사람들이 "민방위 훈련하듯" 달린다고 쓴 부분에서 아직도 일상에 남아 있는 군사주의적 흔적이 환기되는데, 이어 비를 피해 들어간 지하도로 시적 공간이 옮아 가면서는 새로운 시대의 기율로 등장한 소비주의적 삶에 대한 형상화가 펼쳐진다.

시 속에서 화자는 단순히 잠깐 비를 피하려고 지하도로 들어갔지만, 시적 상상력으로 도시의 이 일상적 공간을 전복시킨다. 화자는 "느릿하게 지하도의 끝과 끝을 거닌다". 흡사 산책자의 산보처럼 보이는 이 걷기를 통해 관찰되는 지하도는 단순한 통로 이상이다. 이곳은 오늘날에도 쉽게 찾아볼 수 있는 일종의 복합 지하상가로, 온갖 물품을 판매하는 상점이 늘어서 있고 화장실도 있다. 그래서 화자는 이곳에서 애인도 만나고 연애도 하고 결혼하여 아이도 낳고 삶을 꾸려 갈 수도 있겠다고 말한다. 인간사 전체가 이 지하도에 늘어선 상점에서 파는 온갖 상품과 매개되어 있는 것이다.

이어 시적화자는 신화적인 상상력을 발휘하여 지하도를 고대인의 무덤으로 상상한다. 쇼윈도에 진열된 화려한 상품들은 당대의 소비자본주의적 욕망의 이미지를 고스란히 보여 주는데, 시인은 이것을 순식간에 무덤 이미지로 대체한다. 그러자 지하도에서 가정을 꾸려 행복한 삶을 살 수도 있을 것 같다고 너스레를 떨던 화자는, 순식간에 유령이 되고 만다. 이것은 도시의 화려한 소비주의의 뒷면에 도사리고 있는 자본주의적 욕망의 예속화와 소외를 단적으로 보여 준다. 시인은《햄버거에 대한 명상》에 실린 다른 시 〈지하인간〉에서도 지하 무덤에 갇힌 인간으로 자기를 표상한 바 있다. 자기 존재에 대한 부정적 인식을 '지하'라는 장소를 통해 이미지화한 것이다.

그렇다면 시 속 화자의 움직임을 다시 살펴보자. 그의 묵시론적이고 신화적인 상상력은 미래로 투사된 소비자본주의 시대 '스위트 홈' 이미지에서부터 부장품과 함께 묻힌 고대인의 무덤에 이르기까지 폭넓게 움직이지만, 실제로 시적화자의 물리적 이동 경로는 지하도 계단을 내려가는 짧은 하강 운동에 이어 지하도의 끝과 끝을 오가는 단순한 걷기 운동뿐이다. 지하상가를 걷고 있다 보면 화려한 상품을 당장이라도 손에 쥘 수 있을 것 같고, 더 나아가 아내를 얻고 아이도 낳는 단순하고 행복한 삶을 손에 넣을 것 같지만, 이곳은 "문명의 무덤"이다. 지하도는 바깥에 비가 오는지 그쳤는지도 감각할 수 없는, 다시 말해 제대로 된 현실 인식조차 하기 힘들게 만드는 공간이다. 도시의 공간은 언제나 주체에게 환상을 심어 주지만, 현실은 좁은 지하도 안을 벗어나지 못하는 길 잃은 상태일 뿐이다. 시인은 이런 상황을 지하도의 끝에서 끝을 오가는 단순한 걷기 운동, 즉 맴도는 모빌리티를 통해 성공적으로 드러낸다.

길 없는 자의 꿈

길안에 갔다.
길안은 시골이다.
길안에 저녁이 가까워 왔다. 라고
나는 썼다. 그리고 얼마나
많이, 서두를 새로 시작해야 했던가?
타자지를 새로 끼우고, 다시 생각을
정리한다. 나는 쓴다.

　길안에 갔다.
　길안은 아름다운 시골이다.
　그런 길안에 저녁이 가까워 왔다.
　별이 든다.

이렇게 쓰고, 더 쓰기를
멈춘다. 빠르고 정확한 손놀림으로
나는 끼워진 종이를 빼어,
구겨 버린다. 이 놈의 시는
왜 이다지도 애를 먹인담. 나는
테크놀러지와 자연에 대한 현대인의

갈등을 추적해 보고 싶다. 종이를 새로
끼우고, 다시 쓴다.

길안에 갔다.
길안에서 택시를 기다린다.
길안에 택시가 오지 않는다.
모든 도시에서 나는 택시를 잡았었다.
그러나 길안에서 택시잡기 어렵다.

(중략)

시인이 아무리 좋은 시를 쓴들, 또한 세계는 변함
없는 것. 우표수집가와 시인 사운데 어느 쪽이 더
위대한가, 우열을 가릴 수 없을 때 우리는 우표수집가의
그, 성취의 기쁨을 위해 시를 써야 한다. 이렇게
밑도 끝도 없는 생각을 하곤, 나는 다시 타자기를
두드려갔다.

길안의 바깥에 있을 때 자동판매기에서 커피 빼먹던
  생각을 한다.
길안을 빨리 벗어나고 싶다.

길안 벗어날 수단이 없구나.

길안이 불가해하게 느껴진다.

길안의 산과 물이 역겨워진다.

길안의 나무들이 유령같이 곤두섰다.

아아 상종 못할 자연

이해 못할 자연이다.

길안의 비문명이 공포스럽다.

연을 띄우고, 잠시 쉬기로 한다. 여행자는 이미

충분히 불안해졌고, 그는 테크놀러지화되지 않은

길안의 자연상태에 대하여 추악을

느끼고 있다. 그러면 이쯤에서

그가 가야 할 곳에 대한, 현대인의 회의를

끄집어내면서 이 시를 마무리하자. 나는 쓴다.

그러나 나는 어디로 가게 되는 것인가?

내가 가야 할 거기가 어딘가?

택시를 쉽게 잡기 위해

택시잡기 어려운 이곳으로부터 빠져나가야 할

그곳은 어딘가?

과연, 길안을 떠나 다시 길안으로 돌아올 수 있겠는가?

길안에서 처음으로

길안 바깥이 불안으로 닥쳐온다.

나는, 너는, 모든 길들은

어디로 가게 되어 있는 것일까?

우리 있을 데가 없다.

(후략)

— 장정일, 〈길안에서 택시잡기〉(부분)

    총 20연 173행에 달하는, 장정일의 두 번째 시집《길안에서의 택시잡기》의 표제시이다. 제목에서부터 계속 등장하는 '길안'은 경상북도 안동시 근교의 면소재지다. 시인은 길안에서 택시를 잡기 위해 애쓰는 과정과 시를 쓰는 과정 자체를 겹쳐 놓으면서 독특한 시를 전개해 나간다. 앞서 살펴본 첫 시집의 〈지하도로 숨다〉에서 살펴본 '맴도는 모빌리티'라는 주제가 이 시에서도 확장·심화된다는 점에 주목하여 시를 읽어 보자.

    시 속에서 길안은 도무지 택시가 잡히지 않는, 그리하여 도무지 벗어날 수 없는 도시로 그려진다. 참고로 1980~90년대는 자동차 증가율이 가장 가파르게 상승하던 시기다. 이른바 한국의 '마이카 시대'였다. 자동차 생산이 늘어났고 국민소득도 증가하여 자동차를 구매하여 운전하는 자가운전이 점점 일반화되기 시작한 때이다. 택시

1980년대 중반 서울의 택시 ※출처: 서울사진아카이브

산업 역시 1970년대부터 확장되었다. 즉, 당시는 자동차 모빌리티 인프라가 이미 확장된 상태였기 때문에 시 속에서 택시가 잡히지 않는 상황은 '길안'이라는 장소의 고립성을 잘 보여 주는 설정이다. "모든 도시에서 나는 택시를 잡았었다"라는 시구도 이 점을 강조한다.

중략 이후 두 번째 연에서 볼 수 있듯, 시적화자가 이곳을 "벗어날 수단이 없"다는 것을 인식하게 된 순간, 그는 길안이 불편해지고 역겨워진다. 길안의 산과 물, 나무를 즐기며 평온하게 여행할 수도 있을 텐데, 화자는 이 순간부터 불안한 여행자가 된다. 모빌리티 수단이 상실된 공간은 "이해하지 못할 자연"이며 "공포스러"운 "비문명"이다. 이동성은 문명과 이성, 합리성과 연동된 것으로 작동하며, 부동성은 그것과 정반대가 되는 것이다.

어디로 어떻게 가야 할지 모르겠다는 이 막막함은, 길안에서 택시를 잡는 과정에 대한 서술 중간중간에 삽입된 시 쓰기 과정에 대한 서술에서도 다시 반복된다. 화자는 타자기에 새로운 종이를 끼웠다가 다시 구겨 버리기를 반복하며 시를 여러 번 고쳐 보지만, 텍스트는 갈 길을 잃고 헤매고 있다. 더욱이, 시의 길을 찾는다고 하더라도 길 잃은 세계는 변하지 않는다. 화자는 "시인이 아무리 좋은 시를 쓴들, 또한 세계는 변함없는 것"임을 잘 알고 있다. 이 시는 물리적 공간에서의 길을 잃은 모습과 텍스트 차원에서의 길 잃음을 병치함으로써 불안하게 맴도는 모빌리티 상태를 시적으로 직조한다.

택시를 잡아타고 길안을 벗어난다면 이 공포감과 불안감이 해소될까? 인용한 시의 뒷부분을 보면 그렇지도 않다는 걸 알 수 있다. 시적화자는 "내가 가야 할 거기가 어딘가?"라고 되묻는다. 즉, 길안에서 나가야 한다고 생각하면서도 어디로 가야 할지 모르는 상태이다. 이제 시적화자는 길안 바깥도 불안으로 닥쳐오는 경험을 한다. 결국 화자를 공포로 몰아넣은 것은 길안이 아니라 목적지를 상실하고 방향을 상실한 '길 없음' 상태 그 자체이다. 시인은 의미를 찾지 못하고 소외된 현대인의 내면 풍경을, 모빌리티 수단의 상실과 길 없음의 문제로 형상화한 것이다.

유하 시
깊이 읽기

| 작가 소개 |

유하는 1963년 전북 고창에서 출생했다. 세종대학교 영문과와 동국
대학교 대학원 영화과를 졸업했다. 1988년《문예중앙》에 시를 발
표하며 등단했으며, 김수영문학상을 수상한 바 있다. 1989년에 출
간한 첫 시집《무림일기》를 시작으로,《바람부는 날이면 압구정동
에 가야한다》(1991),《세상의 모든 저녁》(1993),《세운상가 키드의
사랑》(1995),《나의 사랑은 나비처럼 가벼웠다》(1999),《천일마화》
(2000) 등의 시집을 출간했다.

　유하는 영화감독이기도 하다. 2000년 이후에는 시작 활동을 사실
상 중단하고 영화감독으로서 성공적인 행보를 이어가고 있다. 1991
년에 출간했던 자신의 시집 제목과 동명인 영화 〈바람부는 날이면

압구정동으로 가야한다〉(1993)를 연출하며 영화감독으로 데뷔하여, 〈결혼은 미친 짓이다〉(2001), 〈말죽거리 잔혹사〉(2004), 〈비열한 거리〉(2006), 〈강남 1970〉(2015) 등 많은 영화를 선보였다. 김수영문학상, 백상예술대상 영화 시나리오상, 한국영화평론가협회상 감독상 등을 수상한 바 있다.

1990년대에 유하가 보여 준 시 세계의 근원은 대중문화적 상상력에 있다. 첫 시집《무림일기》에서는 장르문학인 무협지의 상상력을 시로 끌고 와 날카로운 현실 풍자를 보여 주었고, 자본주의 욕망이 전시된 상징적 공간으로서의 '압구정동', 욕망이 집약된 도시 공간으로서의 '세운상가', '경마장' 등의 공간을 시적 대상으로 삼아 키치 문화를 보여 주기도 했다.

키치Kitsch란 저속하고 괴상해 보이는 것, 하찮은 모조품 같은 것을 이르는 말이다. 소위 '고급한' 예술이 아니라 조악하고 저급해 보이는 통속적인 대중문화를 말하는 것이므로, 키치의 핵심 중 하나는 무한한 복제 가능성이다. 몰개성하게 대량 생산되는 값싼 상품 이미지, '원본'을 불법 복제한 '짝퉁' 상품, '원본'을 조악하게 따라한 'B급' 결과물 같은 것이 모두 키치다. 똑같이 복제된 것 같은 건물들이 늘어선 빌딩숲, 자본주의의 욕망과 텔레비전 속 상품 광고, 상품들이 예술 작품처럼 전시된 백화점, 뒷골목에서 거래되는 불법 복제된 만화책이나 비디오테이프. 모두 유하의 시세계를 구성하는 요소들이다. 시인이 보여 준 전위적인 시들은 현대사회의 욕망을 그대로 드러내며 새로운 미학적 지평을 열었다. 여기에 모빌리티 렌즈를 새롭게 더해, 다음 두 편을 시를 읽어 보자.

| 시 읽기 |

무엇을 잃어버렸는지를 잃어버린 사람들

빌딩들 사이에서 오백 원으로

급히 펼쳐든

푸른 비닐의 공간

난 오래 잊고 있었던 은행의 비밀 번호를

기억해낸 느낌에 사로잡힌다

그 순간

난 이 거대한 도시 속에서

유일하게 빗방울들의 노크 소리를 듣는다

푸른 비닐을 두드리며 황홀하게

나의 비밀 번호를 호명하는 물방울의 목소리

나는 열리기 시작한다

빗방울의 목소리를 닮은 사람이여

내게 예금되어진 건

소낙비를 완벽하게 긋는 박쥐 우산이 아니라

푸른 비밀의 공간을 가볍게 준비할 수 있는 능력,

비닐 우산을 펴면

나는 푸른 비닐처럼 가볍게 비밀스러워진다

빗방울을 닮은 사람이

또박또박 부르는 비밀 번호 앞에서

천천히 열리는 꿈에 부풀기 시작한다

— 유하, 〈푸른, 비닐 우산을 펴면〉(전문)

1991년에 발표된 유하의 두 번째 시집《바람부는 날이면 압구정동에 가야한다》에는 자본주의적 스펙터클이 전시된 도시 공간 속 산책자의 모습을 그린 시가 많이 수록되어 있다. 인용한 시〈푸른, 비닐 우산을 펴면〉은 도시의 빌딩 숲에서 주체가 체험하는 장소 경험이 어떠한 형태인지를 잘 보여 준다.

시 속 화자는 도심의 길을 걷다가 갑자기 비가 내려 황급히 비닐 우산을 사서 펼쳐 든다. 지금은 사라졌지만 1990년대에 가판대에서 판매한 일회용 우산은 파란색 비닐로 만들어졌기 때문에, 시인이 3행에서 그리고 있는 "푸른 비닐의 공간"은 싸구려 비닐우산을 펼쳐 든 상황을 그린 것이다. 그런데 주목할 것은, 소나기 때문에 예기치 않게 펼쳐 든 그 비닐우산 공간에서 시적화자가 잊고 있었던 무언가를 기억해 낸 것 같은 느낌에 사로잡힌다는 점이다. 빌딩들 사이에서 살면서 잊어버리고 있었던 무언가를 순간적으로 기억해 내게 된 것이다. 그 느낌은 6~8행에서 거대한 도시 속에서 빗방울의 노크 소리를 듣는 것으로 형상화된다. 빗방울의 목소리를 들음으로써 시적 화자는 "열리기 시작"하고 "비밀스러워진다". 비밀이 생긴다는 것은 깊이가 생긴다는 것이다. 평면적이었고 피상적이었던 도시인의 내면에 비밀스러운 공간이 열리며 깊이가 생긴 것이다. 이러한 공간을 우연히 펼쳐 든 푸른 비닐우산이 만들어 주었다는 것은, 반대로 그동안 경험한 일상적 도시 공간은 의미의 공간을 만들어 줄 수 없었다는 사실을 폭로한다.

덧붙여, 이 시의 배경이 되는 '빌딩 숲'에 대해서도 생각해 보자. 신문 아카이브를 확인해 보면 '빌딩 숲'이라는 표현이 처음 등장한 것은 1970년대 초엽이지만, 신문지상에서 눈에 띄게 사용 횟수가 많아진 것은 1980년대 이후이다. 1981년 《동아일보》는 '고속사회- 마음의 여유를 갖자'라는 연속 기획기사를 50회 게재했다. 세대 격차, 식생활 변화, 언어의 혼돈, 결혼 풍속도 등 달라지는 생활문화에 대한 진단은 물론이고, 노동 격차, 해외여행 자유화, 마이카 시대 등 주목할 만한 모빌리티 문제도 다루었다. 이 중에서 '고층인생'이라는 키워드로 80년대 초고층 빌딩 현황을 스케치한 부분이 눈에 띈다. 직장인 P씨의 하루를 서술하는 방식으로 구성된 기사인데, 그는 12층 아파트에서 일어나 엘리베이터를 타고 현관으로 내려와 곧장

1980년대 초 완공 직전의 63빌딩(왼쪽) ※출처: 근현대사 아카이브, 1980년대 중반 여의도(오른쪽)
※출처: 서울역사아카이브

자동차를 타고 회사 정문으로 이동한다. 그러고는 바로 엘리베이터를 타고 28층 사무실로 올라가 일과를 시작한다. 흙을 밟아 볼 새도 없이 '고층'에서만 하루를 보낸다는 것이 핵심이다. 1981년 9월 당시 기준으로 서울에 있는 업무용빌딩은 30층 이상이 2개, 25층 이상이 4개, 20층 이상이 26개, 15층 이상이 71개, 10층 이상이 110개였다고 한다. 이 정도 변화에도 '고층인생'이 생겨났다며 놀라워했는데, 이후 상황은 더 빠른 속도로 변화했다.

1980년 2월에 착공해 1985년 5월에 완공된 여의도 '63빌딩'은 당시 아시아 최고 높이의 빌딩이었다. 1990년대에 오면 빌딩 숲은 서울의 일상적 풍경이 된다. 사대문 안에 업무용빌딩과 호텔이 빼곡

히 들어선 것은 물론이고, 여의도 일대는 빌딩 숲으로 불렸다. 90년
대에 보라매공원 일대, 공덕동 로터리 일대, 충정로 일대 등 서울 곳
곳에서 고층 빌딩단지 준공 계획이 실행됐기 때문이다. 따라서 유
하 시인이 그린 빌딩 숲 사이 '푸른 비닐의 공간'은, 더 이상 진짜 푸
른 하늘을 올려다보기 어렵고 진짜 흙을 밟기 어려운 1990년대 도시
생활자들에게 그들이 잃어버린 것이 무엇인지를 찰나적으로나마
환기해 주는 마법적 공간이라 하겠다.

욕망과 위반의 공간

이러지도 저러지도 못하는 지독한 마음의 열병,

나 그때 한여름날의 승냥이처럼 우우거렸네

욕정이 없었다면 생도 없었으리

수음 아니면 절망이겠지, 학교를 저주하며

모든 금지된 것들을 열망하며, 나 이곳을 서성였다네

흠집 많은 중고 제품들의 거리에서

한없이 위안받았네 나 이미, 그때

돌이킬 수 없이 목이 쉰 야외 전축이었기에

올리비아 하세와 진추하, 그 여름의 킬러 또는 별빛

포르노의 여왕 세카, 그리고 비틀즈 해적판을 찾아서

비틀거리며 그 등록 거부한 세상을 찾아서

내 가슴엔 온통 해적들만이 들끓었네

해적들의 애꾸눈이 내게 보이지 않는 길의 노래를 가르쳐

　　주었네

교과서 갈피에 숨겨 놓은 빨간책, 육체의 악마와

사랑에 빠졌지, 각종 공인된 진리는 발가벗은 나신

그 캄캄한 허무의 블랙홀 속으로 빨려 들어가고

나 모든 선의 경전이 끝나는 곳에서 악마처럼

착해지고 싶었네, 내가 할 수 있는 짓이란 고작

이 세계의 좁은 지하실 속에서 안간힘으로 죽음을 유희하는 것,

내일을 향한 설렘이여, 우우

무덤은 너를 군것질하며 줄기차게 삶을 기다리네

내 청춘의 레지스탕스, 지상 위의 난

햇살에 의해 남김없이 저격되었지

세상의 열병이 내 몸 속에 들어와 불을 밝혔네

금지된 생의 집어등이여, 지하의 모든 나를 불러내 다오

나는 사유의 야바위꾼, 구멍 난 영혼, 흠집 가득한 기억의

　　육체들을

별빛의 찬란함으로 팔아먹는다네

내 마음의 지하상가는 여전히 승냥이 울음으로 붐비고

나 끝끝내 목이 쉰 야외 전축처럼

해적을 노래부르고 해적의 애꾸눈으로 사랑하리

— 유하, 〈세운상가 키드의 사랑 1〉(전문)

이 시는 유하의 세 번째 시집 《세운상가 키드의 사랑》에 수록된 작품이다. 연작시 형태의 첫 번째 시다. 현재는 도심 리모델링 계획에 따라 단계적 철거에 들어간 공간이지만, 세운상가는 서울의 역사를 보여 주는 상징적인 공간이다. 1968년에 준공된 주상복합 건축물로, 종로3가에서 퇴계로3가를 잇는 건물군을 통칭하는 용어였다. 이곳에는 각종 전자제품과 컴퓨터 부품, 음향기기 등을 판매하는 전자상가가 밀집해 있었고, 불법복제된 각종 비디오테이프나 게임 프로그램을 판매하는 곳이었다. 일본 만화나 도색잡지 등 각종 하위문화 콘텐츠가 유통되던 곳이다 보니, 대중문화적 상상력과 키치의 소재를 활용했던 유하의 작품 세계에서 중요한 공간적 배경으로 등장한 것이다.

시적화자는 세운상가를 "흠집 많은 중고 제품들의 거리", "이 세계의 좁은 지하실", "내 청춘의 레지스탕스", "내 마음의 지하상가" 등으로 표현한다. "중고 제품", "해적판", "포르노", "빨간책" 등 금지된

종로3가에서 퇴계로3가로 이어진 세운상가 일대 ※출처: 서울역사아카이브

것을 열망하던 화자에게 세운상가는 신비한 유혹의 공간이자 "캄캄한 허무의 블랙홀"이었다. 이 "등록 거부한 세상"은 시적화자에게 "보이지 않는 길의 노래를 가르쳐" 준다. 요컨대 시적화자는 온갖 금지된 것들을 열망하는 것으로 자기를 채워 가는데, 이때 그가 자기 정체성을 드러내며 확인하는 방법은 세운상가를 "서성이"는 행위를 통해서다. 의미를 담고 있는 원본은 없고 불법복제품만 난무하는 위반의 공간을 서성이는 행위는, 그 어디에도 정주할 수 없는 주체의 불안정한 모빌리티 상태를 잘 드러내 준다.

앞에서도 살펴봤듯이, 1990년대에는 경제적 풍요에 기반한 문화생활이 폭발적으로 늘어났는데, 그에 따라 하위문화 영역도 함께 성장했다. 하위문화는 일종의 반反문화로서, 지배적인 주류문화에 대한 거부 혹은 반발로부터 생겨나기 때문이다. 하위문화는 주류문화의 구멍을 직시하게 한다는 점에서도 흥미로운 현상이다. 하위문화의 세계는, 〈세운상가 키드의 사랑〉 속 시어를 빌리자면 "등록 거부한 세상"이며, 소비자본주의의 매끄러운 흐름 뒤편에 생겨난 일종의 부산물이다. 욕망이 들끓는 이 위반의 공간은 "좁은 지하실" 혹은 "무덤"으로 그려진다. 그 속에서 불안정하게 서성이는 유하의 시적 주체는, 지상을 유연하게 미끄러지는 소비자본주의의 환상적 모빌리티를 상대화하며 90년대적 자본주의 욕망이 만들어 낸 길 잃은 주체 형상을 확인하게 한다.

〉〉〉 더 찾아보기

- 고봉준, 〈1990년대 시의 사회·정치적 상상력과 소비자본주의〉, 《한국시학연구》 73, 한국시학회, 2023.
- 김나현, 〈알레고리의 정동적 시간성: 모빌리티 텍스트학으로 본 시적 언어의 운동을 중심으로〉, 《한국문학연구》 72, 동국대학교 한국문학연구소, 2023.
- 장정일, 《햄버거에 대한 명상》, 민음사, 1987.
- 장정일, 《길안에서의 택시잡기》, 민음사, 1988.
- 유하, 《바람부는 날이면 압구정동에 가야한다》, 문학과지성사, 1991.
- 유하, 《세운상가 키드의 사랑》, 문학과지성사, 1995.

5장

모빌리티의 시공간성

디아스포라 모빌리티

이 장에서는 통근 모빌리티를 포함한 일상적 이동이 아닌, 비일상적이고 비정규적인 모빌리티와 관련된 시적 실천에 주목해 보려고 한다. 일회적이고 특별한 이동 행위 중 가장 대표적인 것은 관광 혹은 여행 모빌리티다. 여행의 목적은 일상으로부터의 탈출에 있다. 일회적이고 낯선 경이를 경험하면서 견문을 넓히는 것이 여행의 목적이므로, 대부분의 기행시들은 여행을 하며 수행한 낯선 이동 경험과 여행지라는 특별한 장소에 대한 신선한 감각 등을 기록한다. 이와는 반대로, 일회적이고 특별한 부동不動 행위와 관련된 시도 있다. 좁은 방 안에 꼼짝없이 갇혀 있는 임모빌리티 상태에서 출발하는 옥중시가 대표적이다. 예컨대 민주화운동 중에 투옥된 문인 중에는 시적 언어로 저항정신을 형상화한 옥중시를 남긴 작가가 많다. 기행시나 옥중시는 모두 극단적인 모빌리티/임모빌리티 상태로부터 추동된 글쓰기이므로 모빌리티 렌즈로 독해하기가 어렵지 않다.

그런데 기행시나 옥중시 모두 모빌리티/임모빌리티의 끝에는 결국 '집'으로 돌아갈 것이라는 확신이 자리하고 있다. 자발적으로 떠난 여행 상태이든, 비자발적인 방식으로 구금된 상태이든, 마지막은 항상 고정된 정주주의적 안식처로 귀환하리라는 믿음이 매개되어 있는 것이다. 이와는 다른 이동도 있다. 비일상적이고 비정규적이며 일회적인 이동이면서도 원래의 집으로 귀환하지 않을 것을 목표로 하는 이동, 바로 초국경적 이주이다. 여기서는 삶의 근거지를 송두리째 바꾸려는 결심에서 출발하는 초국적 이주 모빌리티에 주목해 보고자 한다.

대표적인 이주자 형상으로는 재외동포가 가장 먼저 떠오른다. 조선 말기 이후 생존을 위해 만주, 연해주, 일본, 미주 등으로 이주하는 사람들이 나타나기 시작했고, 특히 일제강점기를 거치면서 강제징용이나 강제이주도 많아졌다. 이주 후 모종의 이유들로 귀국하지 않고/못하고 그곳에서 한인 사회를 형성하며 정착한 사람들도 생겼다. 광복 후에도 초국경적 이주는 계속됐다. 결혼이나 입양, 유학 등으로 이주하게 된 사람들도 있었고, 경제적인 이유로 미국 이민을 택한 사람들도 많았다. 한국에서 태어나고 자랐으나 성인이 되어 이민을 간 세대를 이민 1세대라고 한다면, 이제는 이민 2세대, 3세대까지 이어져 각국에서 재외동포 사회를 이루고 있다. 2023년 기준, 우리나라의 재외동포 규모는 약 708만 명에 달한다고 한다.

초국경적 모빌리티인 이주는 넓게 보아 디아스포라 개념으로도 설명할 수 있다. 디아스포라는 그리스어 '디아스페이레인diaspeirein' 이라는 동사에서 유래한 명사인데, 디아스페이레인은 '~을 넘어, ~을 지나'라는 뜻의 '디아dia'와, '흩뿌리다'라는 뜻의 '스페이레인 speirein'의 합성어이다. 따라서 디아스포라는 흩뿌리고 흩어진다는 의미를 담고 있다. 이를 성서 번역자들이 이주 혹은 추방을 의미하는 단어로 사용하면서, 디아스포라는 유대인들의 추방과 이산을 가리키는 독특한 개념이 되어, 현재는 모든 종류의 이주를 가리키는 폭넓은 용어로 사용된다.

이주, 추방, 망명은 물론이고 추방된 이들 사이의 연대감과 귀환 의식까지도 포함하는 디아스포라 개념에서 핵심이 되는 것은, 원래의 장소에서 뿌리 뽑혔다는 상실감이며 현재의 장소에 대한 이질감이다. 즉, 디아스포라 개념을 좁게 보면 재외동포의 이주 모빌리티를 모두 디아스포라로 설명할 수 없지만, 이주 혹은 이민의 비자발성 여부가 아닌 '장소에 대한 이질감'을 디아스포라의 핵심으로 본다면 일정 부분 설명이 가능해진다.

이 책에서 함께 읽어 보려고 하는 허수경 시인의 텍스트도 넓게 보았을 때 디아스포라 모빌리티로 읽어 낼 수 있다. 허수경은 한국에서 시작詩作 활동을 하다가 독일로 유학을 가면서 이후 여생을 독일에서 보낸 시인이다. 그는 독일에서 생활하면서도 우리말로 시 쓰는 일을 멈추지 않았다. 고국으로의 귀환 열망을 그린 텍스트는 아니지만, 장소에 대한 이질감 문제를 깊이 천착했다는 점에서 디아스포라 모빌리티 개념으로 읽어 볼 수 있다.

허수경 시
깊이 읽기

| 작가 소개 |

허수경은 1964년 경남 진주에서 태어났다. 경상대학교 국어국문학과를 졸업하고,《실천문학》에 시를 발표하며 등단했다. 시집으로《슬픔만한 거름이 어디 있으랴》(1988),《혼자 가는 먼 집》(1992),《내 영혼은 오래되었으나》(1992),《청동의 시간, 감자의 시간》(2001),《누구도 기억하지 않는 역에서》(2016) 등이 있으며, 장편소설《모래도시》와 산문집《길모퉁이의 중국식당》 등을 출간한 바 있다. 1992년부터는 독일에서 살면서 뮌스터대학에서 고고학 박사학위를 받았다. 동서문학상, 전숙희문학상, 이육사문학상 등을 수상했고, 2018년 독일에서 생을 마감했다.

   허수경의 시가 선사하는 언어는 한곳에 정주하지 못하고 떠도는

말이다. 마치 유령처럼 떠도는 영혼의 노래를 통해 우리의 내면에
서려 있는 슬픔과 공허함을 보여 준다. 특히 시인은 고고학적 상상
력으로 독보적인 시 세계를 구축했다. 시간과 공간의 한계를 아득
히 넘나들며 형상화되는 그의 시적 언어는, 우리도 모르게 흘러내
린 것 혹은 잃어버린 것을 보여 주며 세계를 다시 써 내려간다. 독일
땅에서 고고학을 연구하며 모국어로 시를 쓰는 작업은 시인에게 그
자체로 시적인 것을 발굴하는 작업이었던 것이다. 모빌리티 렌즈를
활용해 네 편의 시를 차례로 읽어 보자.

| 시 읽기

공터, 혹은 무덤의 수직적 모빌리티

한참 동안 그대로 있었다
썩었는가 사랑아

사랑은 나를 버리고 그대에게로 간다
사랑은 그대를 버리고 세월로 간다

잊혀진 상처의 늙은 자리는 환하다

환하고 아프다

공터에 뜬 무지개가
세월 속에 다시 아플 때

몸 얻지 못한 마음의 입술이
어느 풀잎자리를 더듬으며
말 얻지 못한 꿈을 더듬으리라

— 허수경, 〈공터의 사랑〉(전문)

이 시는 허수경의 초기 시 세계를 잘 보여 준다. "몸을 얻지 못한 마음"의 세계는 아픔의 세계이자 공터의 세계이다. 사실 우리가 가진 것 중에 가장 확실한 것은 물리적 실체로서의 몸일지도 모른다. 몸은 우리의 존재 자체이며, 우리는 몸을 움직이고 몸으로 공간을 점유하면서 살아간다. 하지만 시인은 "몸을 얻지 못한 마음"을 노래한다. 마음은 있지만 그 마음이 깃들 몸이 없다면, 마음은 어떻게 실현 혹은 실천될 수 있는 것일까? '몸의 입술'이라면 사랑하는 사람과 입맞춤을 나눌 수도 있고 정다운 대화를 나눌 수도 있겠지만, "마음의 입술"은 그저 어딘가를 "더듬"을 뿐이다. 이 시가 펼쳐 보여 주고 있는 공간은, 차라리 허공이라고 해야 할, 비물질적인 공간이다.

그런데 역설적으로 바로 여기에서부터 새로운 운동성이 촉발된다. 마음은 보이지 않는 무정형의 것이기 때문에 오히려 신체보다 더 자유로운 운동성을 확보하게 된다. 물리적 현실 세계의 운동 법칙과는 다른 비물질적 시적 세계가 열리는 것이다. 이 시는 "몸을 얻지 못한 마음"의 운동을 시적 이미지로 형상화했다. 이제 시 속 '공터'는 텅 비어서 아무런 의미도 획득하지 못하는 공간이 아니라, 의미가 생성될 수 있는 가능성으로 충만한 공간이 된다. 이어서 다음 시를 읽어 보며, 이 새로운 시적 공간에서 탄생한 비물리적 모빌리티 이미지를 만나 보자.

에이디 2002년 팔월 새벽 여섯 시 삽으로 정방형으로 땅을 자른다. 비씨 2000년경 토기 파편들, 돼지뼈, 염소뼈가 나오고 진흙으로 만든 개가 나오고 바퀴가 나오고 드디어는 한 모퉁이만 남은 다진 바닥이 나온다 발굴은 중단되고 청소가 시작된다 그 바닥은 얼마나 남았을까, 이 미터 곱하기 일 미터? 높이를 재고 방위를 재고 바닥을 모눈종이에 그려 넣는다 이 미터 곱하기 일 미터의 비씨 2000년경. 사진을 찍고 난 뒤 바닥을 다시 삽으로 판다 한 삼십 센티 정도 밑으로 내려가자, 다시 토기 파편들, 돼지뼈, 소뼈, 진흙개, 바퀴, 이번에는 돌처럼 딱딱하게 굳

은 곡식알도 나온다, 비씨 2100년경의 무너진 담이 나온
다 담 높이는 이십 센티, 다시 밑으로 밑으로 합쳐서 일
미터를 더 판다 체로 흙을 쳐서 흙 안에 든 토기 파편까
지 다 건져낸다 일 미터를 지나왔는데 내가 파낸 세월은
한 오백 년, 내가 서 있는 곳은 비씨 2500년, 압둘라가 아
침밥을 먹으러 간 사이 난, 참치 캔을 딴다, 누군가 이 참
치 캔을 한 오백 년 뒤에 발굴하면 이 뒤엉킨 시간의 순
서를 어떻게 잡을 것인가, 이 시간언덕을 어떻게 해독할
것인가

— 허수경, 〈시간언덕〉(전문)

〈시간언덕〉은 발굴 현장을 보여 준다. 실제로 허수경 시인은
1992년 독일로 건너가 뮌스터대학에서 고고학을 전공했기 때문에
발굴 현장에 대한 직접적 경험이 많았을 텐데, 시에서 묘사된 작업
현장도 아주 구체적이다. 이 시가 그리는 주요 공간은 정방형으로
자른 땅이다. 수평 방향에서 보았을 때에는 작고 네모난 공간에 불
과하지만, 수직 방향으로 발굴하는 과정을 통해 이 작은 공간은 확
장된다. 공간 위에 시간의 축이 더해지기 때문이다.

기원전 2000년경의 토기 파편을 시작으로 "돼지뼈, 소뼈, 진흙개,
바퀴, 이번에는 돌처럼 딱딱하게 굳은 곡식알" 등 까마득한 과거 삶

의 흔적이 발굴된다. 시적화자는 "그 바닥은 얼마나 남았을까" 물으며 한 시대 삶의 현장을 복원한다. 하지만 발굴은 여기서 끝나지 않는다. 시적화자는 "바닥을 다시 삽으로 판다". 30센티 밑에는 또 다른 바닥이 나온다. 이번에는 기원전 2100년경의 삶이 복원된다. 다시 1미터를 내려가면 또 다음 삶이 나온다. "일 미터를 지나왔는데 내가 파낸 세월은 한 오백 년"임을 실감한다.

발굴 현장은 우리의 공간 경험을 새롭게 뒤흔든다. 물리적 이동의 차원에서만 생각하자면, 발굴이란 꼼짝도 하지 않고 한자리에서 수행하는 작업이므로 수평적 이동이 0에 수렴한다. 일상적으로는 경험하지 못하는 수직적 이동, 즉 아래로 파 내려가는 이동만이 경험된다. 그리고 이 수직적 이동도 움직임이 거의 없다. 몇 센티 아래로 내려가는 데 몇 달이 소요되기도 하는 것이 발굴 작업이기 때문이다. 그리고 고작 1미터를 이동했을 뿐인데, 완전히 새로운 연대기가 펼쳐지게 된다. 이런 경험은 공간에 대한 새로운 상상력을 불러온다. 현재 내가 점유하고 있는 공간은 '나의 장소'라고 인식되고, 이런 장소 경험을 통해 우리는 로컬 정체성을 구성해 간다. 하지만 시간대를 이동하면 이 장소는 '나만의 장소'가 아닌 것이 된다. 몇 백 년, 몇 천 년, 몇 억 년을 건너가면 전혀 다른 세계 속 장소였을 것이기 때문이다. 허수경의 시는 시간을 관통하는 수직적 모빌리티를 통해 새로운 시적 상상력을 열어 간다.

한편으로 이런 상상력은 '나의 장소'가 없다는 허무함 혹은 절망감과 연결된다. 맨 처음 살펴봤던 시 〈공터의 사랑〉에 나타났던 "몸 얻지 못한 마음"의 상태와 일맥상통하는 것으로, 자신의 정체성을 기탁할 곳이 없다는 감각이 선명해지는 것이다. 이때 공간은 텅 비어 있는 공터, 혹은 무덤으로 감각된다. 정방형의 땅은 "시간언덕"이 된다. 시간언덕에서 주체는 분열된다.

장소 상실의 모빌리티

오랜 시간이 지났다 그리고 우리는 만났다
얼어붙은 채
누구도 기억하지 않는 역에서

내 속의 할머니가 물었다, 어디에 있었어?
내 속의 아주머니가 물었다, 무심하게 살지 그랬니?
내 속의 아가씨가 물었다, 연애를 세기말처럼 하기도 했어?
내 속의 계집애가 물었다, 파꽃처럼 아린 나비를 보러 시베
　　리아로 간 적도 있었니?
내 속의 고아가 물었다, 어디 슬펐어?

그는 대답했다, 노래하던 것들이 떠났어
그것들, 철새였거든 그 노래가 철새였거든

그러자 심장이 아팠어 한밤중에 쓰러졌고

하하하, 붉은 십자가를 가진 차 한 대가 왔어

(중략)

하지만

무언가, 언젠가, 있던 자리라는 건, 정말 고요한

연 같구나 중얼거리는 말을 다 들어주니

빙하기의 역에서

무언가, 언젠가, 있었던 자리의 얼음 위에서

우리는 오래 즐거운 시간을 보냈다, 아이처럼

아이의 시간 속에서만 살고 싶은 것처럼 어린 낙과처럼

그리고 눈보라 속에서 믿을 수 없는 악수를 나누었다

헤어졌다 헤어지기 전

내 속의 신생아가 물었다, 언제 다시 만나?

네 속의 노인이 답했다, 꽃다발을 든 네 입술이 어떤 사랑에

　정직해질 때면

내 속의 태아는 답했다, 잘 가

— 허수경, 〈빙하기의 역〉(전문)

시인이 생전에 마지막으로 발표한 시집《누구도 기억하지 않는 역에서》에 수록된 〈빙하기의 역〉이다. 제목에서 이미 암시되듯이, "역"은 시적 주체가 현재 위치하고 있는 구체적인 장소인 동시에 "빙하기"와 이어져 있는 열린 시간의 공간이다. 이곳에서 시적 주체는 여러 겹의 목소리로 분열된다. 내 속에는 할머니, 아주버니, 아가씨, 계집애, 고아, 신생아, 태아가 모두 들어 있다. 시인의 고고학적 상상력으로 기차역이라는 일상의 공간이 '시간언덕'으로 인식되었기 때문에 가능해진 분열이다. 과거의 나와 현재의 나, 미래의 나는 함께 만나 서로에게 목소리를 건넨다.

그러나 그들은 "얼어붙은 채" 만난다. "노래하던 것들이 떠나" 버렸고 이곳은 "무언가, 언젠가, 있었던 자리"로만 감각된다. 그래서 여러 겹의 시간층이 쌓인 이 역은 쓸쓸하게 얼어붙은 "빙하기의 역"인 것이다. 시인이 발견하는 공간은 분명히 존재하는 공간이지만 무엇인가가 있었던 흔적만이 남은 공터다. 수천 년 전에는 누군가 집을 짓고 염소를 키우며 살림을 살았을 공간일지 몰라도 지금은 진흙으로 변해 버린 공터이기 때문에, 그 공간을 떠도는 목소리는 모두 "몸 얻지 못한 마음"의 목소리일 수밖에 없다.

오늘도 영락없이 나는 이곳에 있다
나는 이제 이 안에서 절대로

빠져나가지 못한다

지하철에서 내려 긴 통로를 걸을 때

계단을 올라가면 입구가 있다고 생각하지만

그건 입구를 지나 새로 열리는 세계가 아니라

다시 반복되는 영원의 길들이었다

나는 오래된 바다나 산맥이 표시된 지도를 잃어버렸고

새로 구입한 기계 지도 안으로 익명이 되어 숨죽이네

먼 곳에서 구급차 사이렌이 울릴 때마다

종이처럼 구겨지며 하늘을 날아가던 새 떼

얼어붙은 길을 갈아서 빙수를 만드는

모퉁이의 작은 카페도 문을 닫았네

오, 익숙한 이여 애인처럼

나를 떠나지 마라

슬며시 누르는 슬픔이

영혼 속의 물곰치 한 마리로 헤엄친다

— 허수경, 〈지하철 입구에서〉(전문)

같은 시집에 수록된 시 〈지하철 입구에서〉도 마찬가지의 공간 감
각을 보여 준다. 지하철 입구는 도시의 일상적인 공간이지만, 시인
에게는 한번 들어가면 절대 빠져나갈 수 없는 출구 없는 공간으로

새롭게 인식된다. 시인에게 열리는 세계는 출구 없이 "반복되는 영원의 길들"일 뿐이다. 그 어떤 공간에도 정주하지 못하고 안식하지 못하는 상태를 잘 보여 주며, 이때 시적 주체의 움직임은 "영혼 속의 물곰치 한 마리로 헤엄친다"고 그려진다. 어디에도 뿌리내리지 못하고 떠도는 장소 상실의 경험이 일상화된 것이다. 물리적 공간에서 유의미한 장소 경험을 하지 못하고 추상적 시공간을 떠도는 비애의 정동이야말로 허수경의 시 세계가 개진해 나간 새로운 시적 공간이다.

모빌리티 시간성

허수경 시인이 보여 준 독보적 시 세계는, 고국을 떠나 독일에서 생활하며 모국어로 시를 쓴 시인 자신의 언어 감각과도 긴밀히 연결된다. 앞에서 살펴본 네 편의 시에서 드러나듯이, 공터에서부터 폐허가 된 유적지, 빙하기 역을 지나 출구 없는 지하철 입구에 이르는 시인의 공간 감각은 디아스포라로 설명할 수 있는 시인 자신의 전기적 체험과 연결되어 있다고 해석할 수 있기 때문이다. 앞서 언급했듯, 디아스포라 개념에서 핵심이 되는 것은 원래의 장소에서 뿌리 뽑혔다는 상실감이며 현재의 장소에 대한 이질감이다. 허수경의 시에서도 '디아스포라'라고 명명할 수 있는 독특한 모빌리티가 읽힌다. 그의 시는 심지어 지하철 입구나 역과 같은 일상적인 도시 공간에서도 장소 일치감을 느끼지 못하는 디아스포라 감각을 날카롭게 보여 준다.

이때 한 가지 더 주목해야 하는 것은 시간 감각이다. 모빌리티는 공간만으로 구성되는 것이 아니라 언제나 시간이 매개되어 있다. 크레스웰은 이동을 시간의 공간화, 공간의 시간화라고 표현했다. 시간은, 공간과 마찬가지로 모빌리티의 환경이자 모빌리티의 산물이라는 점에서 중요하다. 그런데 허수경의 시 세계가 보여 준 시간성은 1990년대 담론장을 휩쓴 '세계화' 기치가 그리는 시간성과 정반대라는 점에서 주목을 요한다.

우선 1990년대 김영삼 정부의 핵심 가치였던 '세계화'를 기억해 보자. 주지하다시피 1988년 서울올림픽의 성공적 개최는 온 세계가 서울로 모인다는 상징의 실현이었고, 이는 거꾸로 이제 우리도 온 세계로 뻗어 나갈 수 있다는 자신감의 실현이기도 했다. 제도적으로도 1989년에 해외여행 전면 자유화가 이루어졌다. 이어 1994년 김영삼 대통령은 '세계화가 제1과제'라고 밝혔고, 이에 따라 국정은 물론이고 정치·경제·사회·문화 전 영역에서 세계화가 이루어져야 한다는 논의가 담론장을 뒤덮었다. '세계화'의 구체적인 내용을 시간과 공간이라는 두 축을 중심으로 요약하자면, 세계라는 넓은 공간을 시차 없이 동시적으로 감각하려는 열망의 총체라고 할 수 있다. 시차를 지워 더 넓은 공간을 우리의 무대로 삼겠다는 열망인 것이다.

그러나 디아스포라 모빌리티를 그린 허수경의 시공간 감각은 이와 다르다. 오히려 허수경의 시 속 주체는 시차를 가능한 한 최대로 멀리 벌리는 행위다. 인간의 고유한 신체 능력으로는 한 번에 지각할 수 없는 정도의 넓은 공간을, 교통 및 통신 기술의 발전을 전제로 하여 동시적 시간 감각으로 경험하려는 세계화 시대의 모빌리티 시간 감각이 아니다. 오히려 〈시간언덕〉에서 그려진 것처럼 정방형으로 좁은 발굴지의 진흙 공간을 무한한 시차 감각으로 경험하는 감각이다. 그의 시적 주체는 무한대로 열리는 시간의 지층을 감각하기 때문에 독특한 장소감을 갖게 되는 것이며, 그렇기 때문에 독특한 방식의 움직임을 보인다. 바로 비일상적이고 초현실적인 이동 감각인데, 이 감각은 고고학 발굴 현장이라는 구체적인 상황을 떠나 일상의 공간에서도 살아난다.

모빌리티로부터 촉발된 시간 감각을 '모빌리티 시간성'이라고 부를 수 있다면, 허수경의 독특한 모빌리티 시간성은 모빌리티 개념을 문학적으로 확장하는 동시에 그 문학 세계를 더 깊이 있게 확장시킨다. 방향을 상실한 채 떠도는 모빌리티이자 출구를 찾지 못하고 갇힌 상태로 맴도는 이 모빌리티는 무언가가 있었던 흔적으로서만 경험되는 장소감에서 기인한 것으로, 독자들을 새로운 시간 감각과 매개시키며 깊이 있는 시적 세계로 초대한다. 이곳에서는 모든 것이 떠나가 버리는 상실감이 경험되는 동시에, 시공간을 뛰어넘어 모든 것이 귀환하는 경험이 제공되기 때문이다.

〉〉〉 더 찾아보기

- 케빈 케니, 《디아스포라 이즈is》, 최영석 옮김, 앨피, 2016.
- 팀 크레스웰, 《온 더 무브》, 최영석 옮김, 앨피, 2021.
- 허수경, 《혼자 가는 먼 집》, 문학과지성사, 1992.
- 허수경, 《청동의 시간, 감자의 시간》, 문학과지성사, 2005.
- 허수경, 《누구도 기억하지 않는 역에서》, 문학과지성사, 2016.

사진 출처

1장

1960년대 교통 상황: 서울정책아카이브 https://www.seoulsolution.kr/ko/content/%
EC%84%9C%EC%9A%B8-%EA%B5%90%ED%86%B5%EC%A0%95%EC%B1%85
%EC%9D%98-%EB%B3%80%ED%99%94

1974년 서울 지하철 1호선 개통식: 서울정책아카이브 https://www.seoulsolution.kr/ko/
content/%EC%84%9C%EC%9A%B8-%EA%B5%90%ED%86%B5%EC%A0%95%E
C%B1%85%EC%9D%98-%EB%B3%80%ED%99%94

1970 경부고속도로 개통: 문화체육관광부 정책주간지 《K-공감》 https://gonggam.korea.
kr/newsContentView.es?mid=a10219000000&section_id=NCCD_POLICY&content
=NC002&code_cd=&nPage=752&b_list=9&news_id=EBC6D4012F5C4203E0540021F
662AC5F

1970년대 말 유진상가 일대: 서울시 서대문구청 블로그 https://tongblog.sdm.go.kr
/112?category=566272

1980년 지하철 2호선 공사 현장: 서울시 서대문구청 블로그 https://tongblog.sdm.go.kr
/112?category=566272

1980년대 중반 목동아파트 공사 현장: 서울사진아카이브 https://archives.seoul.go.kr/
item/432#none

1980년대 중반 옥수4구역 재개발 현장: 서울사진아카이브 https://archives.seoul.go.kr/
item/456#none

1970년대 초 무허가 건물: 서울사진아카이브 https://archives.seoul.go.kr/item/327#none

KBS 일일연속극 〈달동네〉(1980): 대한민국역사박물관 https://www.much.go.kr/museum/
holdingsRead/thismonthlibrary/AdminLibraryInfoDetailInqire.do?idnbr=H0L_000000000
05477&makeDe=2020-02-01&pageIndex=1#

1984년 서울 시내: 서울사진아카이브 https://archives.seoul.go.kr/item/7575#none

1980년대 한강 철교: 서울사진아카이브 https://archives.seoul.go.kr/item/7575#none1984
년 서울 시내

2장

지리산《한국의 백대절경》, 마당, 1983, 21쪽.
섬진강《한국의 백대절경》, 마당, 1983, 102쪽.

3장

1973년 고속버스 안내 요원: 행정안전부 〈기록으로 만나는 대한민국〉 https://theme.
archives.go.kr/next/koreaOfRecord/guideGirl.do
시내버스 안내양:《연합뉴스》https://www.yna.co.kr/view/PYH20160928169500054
1974년 현대조선중공업 유조선 진수: 국가기록포털 https://theme.archives.go.kr/next/
photo/shipBuilding02List.do?page=2
1978년 대우중공업 옥포조선소 건설 현장: 국가기록포털 https://theme.archives.go.kr/next/
photo/shipBuilding02List.do?page=2

4장

1980년대 중반 서울의 택시: 서울사진아카이브 https://archives.seoul.go.kr/item/855#none
1980년대 초 완공 직전의 63빌딩: 근현대사아카이브 https://archive.much.go.kr/data/
directory.do
1980년대 중반 여의도: 서울역사아카이브 https://museum.seoul.go.kr/archive/archiveNew/
NR_archiveView.do
종로3가에서 퇴계로3가로 이어진 세운상가 일대: 서울역사아카이브 https://museum.seoul.
go.kr/archive/archiveNew/NR_archiveList.do?ctgryId=CTGRY274&type=A&subCtgryId=
CTGRY292

모빌리티 렌즈로 보는 현대시

2025년 2월 28일   초판 1쇄 발행

지은이 | 김나현
펴낸이 | 노경인 · 김주영

펴낸곳 | 도서출판 앨피   출판등록 | 2004년 11월 23일
주소 | (01545) 경기도 고양시 덕양구 향동로 218(향동동, 현대테라타워DMC) B동 942호.
전화 | 02-710-5526   팩스 | 0505-115-0525   블로그 | blog.naver.com/lpbook12
전자우편 | lpbook12@naver.com

ISBN 979-11-92647-62-3